歴史文化ライブラリー

124

北斎の謎を解く

生活・芸術・信仰

諏訪春雄

吉川弘文館

原則として、初版で掲載した口絵は割愛しております。

目次

北斎の六つの謎——プロローグ

天保十三年（一八四二）、八十三歳になっていた浮世絵師の北斎はこの年の十一月から獅子を画題とした連作の墨絵を日課としてえがきはじめた。六〇〇枚をこえる大シリーズになったこれらの作品はのちに「日新除魔《にっしんじょま》」と名づけられることになった。

それから五年のち、この画稿を、かれの経済的支援者の一人であった信州松代の藩士宮本慎助にゆずることになったときに北斎のつけた文には、つぎのようにしるされていた。

日新除魔と名づけて毎朝毎朝かきすてたものを君子のもとめに応じてさしあげることにして、末の世に笑いをうけることになり、いまさら額の汗をぬぐうだけです。

当時、八十八歳になっていた北斎は、つづけてまたつぎのようにものべていた。

皮をむいた竜眼《りゅうがん》十六匁、太白糖八匁を極上の焼酎一升とともに壺へいれ、よく封をして日数六十日をおいて、朝晩、猪口《ちょこ》で二杯ずつお飲みになれば長寿の薬になります。自分はこの薬酒のおかげで八十八歳の今日まで無病ですごすことができています。

この二つの文章から「日新除魔」という題の意味を、北斎研究の開拓者の一人であった楢崎宗重氏は、昭和十九年（一九四四）に刊行された『北斎論』（アトリヱ社）のなかで、「朝々に魔を除け、新しい希望にみちた幸福な日を迎えんとの一つの呪詛《じゅそ》」とまとめておられる。

呪詛つまり呪術である。したがうことのできる楢崎氏の見解であるが、毎日獅子の絵をえがくことがなぜ魔除けの呪術になるのか。

当時の北斎の絵師としての名声は日本中にしれわたっていた。上方や名古屋をはじめとする地方のファンから招きをうけ、大勢の弟子を擁して、芸術家としては功なり名とげた感のある北斎であったが、悩みもつきなかった。もともと経済観念のとぼしい人であったために生活は火の車であり、高齢からくる体力の衰えも不安の種であった。

また老中水野忠邦が主導して天保十二年（一八四一）からはじまった天保の改革は、復古主義をかかげて、庶民生活のきびしい規制にのりだしてきていた。ことに目の敵にされて弾圧されたのが、娯楽や贅沢で、寄席が制限され、歌舞伎小屋が江戸の市中をおわれ、出版が検閲のもとにおかれた。翌十三年六月には、歌舞伎役者・遊女・芸者などを一枚摺《ずり》の錦絵にすることが禁じられ、浮世絵師は生活の手段をうしなうような打撃をうけた。

こうした北斎をとりまくきびしい状況のなかで、さらに追い討ちをかけるようにかれをなやましたのが娘の阿美与《おみよ》と弟子の柳川重信とのあいだに生まれた初孫の存在であった。

これからもたびたび引用することになる北斎伝記の名著、飯島虚心《きょしん》の『葛飾北斎伝』(明治二十六年、蓬枢閣)は、この孫が放蕩者でしばしば北斎に迷惑をかけ、北斎は蛇かさそりのようにこの孫をおそれ、のがれるために浦賀にかくれすんだこともあったという。北斎が毎朝小さな紙に獅子をえがいているのを見た人がそのわけをたずねると、「わが孫の悪魔をはらうための禁呪だ」とこたえたという。同書がつたえる北斎の書簡のなかでも、この孫を北斎は「ドラ者」「放蕩者」とよんで忌みきらっている。

北斎が「日新除魔」の制作にとりかかったのはかれを二重三重に苦労がとりまいていたこんな時期であった。呪術としての絵画制作には孫の難だけではなく、これらの苦労のすべてをはらう意図がこめられていたはずである。

しかし、獅子の絵を毎日えがきつづけることがなぜ悪魔ばらいの呪術になるのか。獅子に悪魔ばらいのはたらきがあるのか、それともかきつづけることに意味があるのか。ここに一つの謎がある。

もう一つ、北斎の信仰にかかわる謎をあげてみよう。

北斎は妙見《みょうけん》信仰のもち主であったといわれている。このことも飯島虚心の『葛飾北斎伝』につぎのようにのべられている。引用はすべてわかりやすく現代の表現にあらためてある。

寛政十一年に当時宗理《そうり》といっていた北斎は画風を一変して、それまでの画号を門人の宗二にゆずり、北斎辰政《ときまさ》と名のるようになった。妙見信仰からきた名である。妙見は、北斗星、つまり北辰星《ほくしんせい》のことである。その神社は、いま本所《ほんじょ》の柳島《やなぎしま》にある。また北斎は以前にこの柳島の妙見に参詣した途中、大きな落雷にあって、道をふみはずして田圃におちてしまった。そのころから絵師として有名になったので、雷斗と名のり、また雷震ともいった。

北斎が辰政、雷震などの画号で作品をのこしていたことは確認されている。寛政十一年（一七九九）はそののちの研究によって一年まえの寛政十年、北斎三十九歳のときと訂正されているが、北斎の妙見信仰の記載はそのままに信用されている。虚心の記述のもとになったのは、かれ自身の調査と、幕末の考証学者斎藤月岑《げつしん》の補記した『増補浮世絵類考』の同趣旨の記述にあったようである。

妙見信仰とは仏教の妙見菩薩を信仰することである。妙見菩薩は北辰菩薩ともいい、星を神格化したものであるが、どの星をさしているかについては、はっきりと対立する二つの説がある。手もとの辞典をひいてみよう。

北斗七星と説明する辞典

中村元『仏教語大辞典』（東京書籍）

諸橋轍次『大漢和辞典』（大修館書店）

松村明『大辞林』（三省堂）

北極星と説明する辞典

岩本裕『日本仏教語辞典』（平凡社）

日本大辞典刊行会『日本国語大辞典』（小学館）

松村明『大辞泉』（小学館）

両説を併記する辞典

新村出『広辞苑』（岩波書店）
妙見信仰には二つの説が対立していて、その決着はまだついていない。なぜ、二つの説があるのか。そして北斎はそのどちらを信仰していたのか。二つめの謎である。

葛飾北斎の胸像（誓教寺）

さらに北斎の信仰にまつわる謎をおいかけてみよう。
北斎の信仰としては妙見信仰とならんで法華経信仰が有名である。これも虚心の『葛飾北斎伝』に記述がある。

かんがえてみると、北斎翁は仏法を信じ、日蓮宗にはいり、ふかく日蓮を尊崇したものとおもわれる。例の日蓮宗の霊場といわれる池上《いけがみ》の本門寺《ほんもんじ》および堀の内の妙法《みょうほう》寺《じ》へは、時々参詣したという。また例の信仰した押上《おしあげ》の妙見は日蓮宗の寺のなかにあるし、北斎の墓所の誓教寺《せいきょうじ》は日蓮宗である。

北斎翁は、いつも、法華経の普賢品《ふげんぼん》の呪文、阿檀地《あたんだい》をとなえていた。道をあるいているときでもやめることがなかった。翁は、この呪文をとなえて道をあるくと、知人にあっても眼にはいらず、はなはだ奇妙だ、といっていた。おそらく呪文をとなえるのに夢中で眼にはいらないのだろう。

まえの文は、北斎の最晩年の弟子で、『葛飾北斎伝』を著述するときに重要な情報の提

北斎墓碑全景（誓教寺）

日蓮宗柳島妙見山法性寺の北辰妙見大菩薩（東京都墨田区業平5丁目）

供者になった露木為一《いいっ》（孔彰）から、虚心が、本所亀沢町榿《はんのき》馬場にすんでいたころの北斎の住居のスケッチをもらったときの記述である。そのスケッチのなかで、たかいところに釘づけにされたみかん箱に安置された日蓮の像をみいだしてしるしたものである。つづけて、北斎が信仰した押上（柳島）の妙見堂も、日蓮宗妙見山法性寺《ほっしょうじ》の境内にあるとのべている。

　のちの文も北斎の日蓮信仰にふれた文である。日蓮宗は『法華経』を唯一絶対の経典として尊崇し、『法華経』によってのみ末世の国家も衆生《しゅじょう》もすくわれるとおしえている。北斎が道をゆくときも、この『法華経』の「普賢菩薩勧発品《かんぽつぽん》第二十八」にでてくる陀羅尼《だらに》の呪文をつねにとなえていたというエピソードである。この呪文をとなえる者はあらゆる攻撃や誘惑にうちかつことができるという。その呪文の文句は「アダンダイ、ダンダパチ、ダンダパティ」ではじまる。北斎はいつもこの文句をとなえていて道に知人にあっても気がつかなかったという。

北斎が日蓮宗の信者であったことには疑問がない。問題はつぎの二点である。

日蓮宗と妙見菩薩とはどのようにかかわるのか。柳島の妙見堂は日蓮宗の寺の境内にあるという虚心の指摘であるが、のちにくわしく検討するように、妙見信仰と日蓮宗は本来は別の信仰である。この両者がどのようにむすびつき、北斎の信心のなかでいかなる位置をしめていたのか。これが三つめの謎である。

また、北斎はなぜ「普賢菩薩勧発品」の陀羅尼をとなえて道をあるいていたのか。はじめに紹介した「日新除魔」の呪術とも関連して、北斎にはある種の呪術にたいする崇拝があったようであり、それが通常の信仰とどのようにかかわっていたのか。これが四つめの謎である。

北斎の信仰と生き方にかかわる謎は以上の四つにつきるものではない。かれは生涯に九十三回も住所をかえたといわれているが、それはたんなるかれの奇妙な習癖で説明できるのか。五つめの謎である。

またかれは多くの画号をもっていた。それらの画号のいくつかは妙見信仰に由来するものというが、かれが晩年に名のった為一や画狂老人などの重要な画号はどのような意味をもっていたのか。六つめの謎である。

わたしは、北斎の複雑な信仰や奇妙な習癖を、かれの九〇年におよぶながい生涯における変化とか多様な関心などとしてとらえるのではなく、一つの統一ある信仰のあらわれとして説明することができるとかんがえている。そのようにかんがえることによって、北斎の生き方が解明されるだけではなく、たいせつなことは北斎の芸術の重要な本質があきらかになってくる。

アメリカを代表する写真誌『ライフ』が一九九七年に世界の歴史上の重要人物一〇〇人をえらんで特集をくんだ。紫式部も芭蕉も川端康成もえらばれなかったのに、日本人でただ一人その選にはいったのは葛飾北斎であった。北斎は日本よりもむしろ海外でたかく評価され、おそらくその声価は二十一世紀になってますますたかまることになろう。

さあ、これから日本を代表する芸術家葛飾北斎の謎解きの旅に読者のみなさんをご案内しよう。

北斎の生涯をたどる

誕生から修行時代まで

誕生

北斎は宝暦十年（一七六〇）、江戸の本所割下水《ほんじょわりげすい》で生まれた。現在の墨田区である。割下水は万治二年（一六五九）に道のまん中に通された排水路で、南北の割下水があり、たんに割下水というときは南割下水をさした。いまは暗渠《あんきょ》になり、江東青果市場前から錦糸公園方面にはしる幹線五一号線となっているが、そのどのあたりに北斎の生家があったかは確定できない。

かれの父についてもいくつかの説があるが、浅草の誓教寺《せいきょうじ》にある北斎の墓には「川村氏」とあり、同寺の過去帳には「川村北斎」としるされているので、父は川村といったのであろう。幼名を時太郎といい、のち鉄蔵と称した。四、五歳のころ、幕府の御用鏡師中島伊勢の養子になったが、すぐに実家にもどったらしい。後年の『富嶽百景《ふがくひゃっけい》』の跋文《ばつぶん》に「自分は六歳から物の形を写す習癖があり」とみずからのべているように、実家にもどったころからこのんで絵をえがくようになった。しかし、自分がそのまま絵の道を追求し、職業絵師として一生をおわることになろうとはかれもまだ気づいていなかったはずである。その後、一時期、木版印刷の彫師の修行などもしていた。

浮世絵師として

安永七年（一七七八）、十九歳になった年、浮世絵師の勝川春章《かつかわしゅんしょう》の門にはいって、勝川春朗《しゅんろう》と改名して本格的な浮世絵の修行をはじめた。春章は当時の浮世絵界に絶大な権威と勢力をほこっていた鳥居《とりい》派にかわって清新な役者絵でうりだした勝川派の祖としてしられた絵師である。一筆斎文調《いっぴつさいぶんちょう》との合作『絵本舞台扇』が世にもてはやされ、やや形骸化しつつあった鳥居派にあきたりない思いをいだいていた愛好者たちは写実的な似顔絵の春章作品を熱烈に歓迎した。そうした時代の趨勢《すうせい》に敏感に反応して北斎は春章の門をくぐったものとおもわれる。後年、役者絵をかくことのなかった北斎であったが、春朗号時代には四〇点余の細判《ほそばん》の役者絵をのこしている。この時代にかれは役者絵のほかに黄表紙《きびょうし》などの挿絵、美人画、相撲絵《すもうえ》、絵暦《えごよみ》なども手がけ、幅ひろい分野でしだいに独自の画風を身に

画号「勝春朗」

役者絵「岩井半四郎」

つけていった。

勝川派からの離反

寛政四年（一七九二）十二月、北斎三十三歳のときに、師の春章がなくなった。これをきっかけにかれは勝川派から離脱の傾向をみせている。狩野《かのう》派に接触して伝統的な画風をまなぶとともに、町絵師などとも交流して職人芸的な技術も習得していった。のちの北斎芸術の華麗な展開の基礎がつくられた修行時代と位置づけることができる。

こうした北斎の意欲的なうごきは勝川一門の眼には師がなくなったのちの統制をみだす気ままな行為とうつり、兄弟子たちと険悪な状況になっていった。北斎のほうでも勝川姓をすてて叢《そう》春朗を名のっている。春章がなくなったのち、事実上、北斎は勝川派をはなれていたとみてよい。

寛政七年（一七九五）、三十六歳になった年に北斎は春朗の号をすてて二代目俵屋宗理《たわらやそうり》を名のることになった。初代の俵屋宗理は百琳《ひゃくりん》、百隣なども称した人で、はじめ住吉《すみよし》内記《ないき》についてまなび、のちに尾形光琳《おがたこうりん》や俵屋宗達《そうたつ》の画風をしたった。春朗時代に浮世絵だけに満足せず、伝統的な流派の画風をも模索していた北斎は、江戸で活躍していた宗理の教えもうけ、琳派《りんぱ》の装飾的な造形感覚をも身につけていた。のちの摺物《すりもの》や団扇《うちわ》画、絵手本などにみられる北斎のととのった端麗な画風の素地はこの琳派との接触のなかでつちかわれたものとみることができる。あくことのない北斎の探求心のあらわれである。

花開く北斎芸術

挿絵の執筆

寛政十年（一七九八）、三十九歳の北斎はそれまでの宗理《そうり》の号を門人の宗二にゆずって、北斎の号を使用するようになった。まえに引用した飯島虚心《きょしん》の『葛飾北斎伝』がつたえる記事である。そこで虚心は寛政十一年としるしていたが、一年まえの十年の摺物《すりもの》に「宗理改北斎」と署名したものがのこされている。ただいきなり北斎号を採用したのではなく、そのまえに「北斎宗理」と名のっていたみじかい時期のあったことは、やはりこの十年に刊行された狂歌本によってたしかめられる。北斎号の意味も虚心がいうように北辰信仰によるとみてよいが、北斎号もふくめてかれの使用した多くの画号の由来についてはのちにまとめて考察することにする。

文化元年（一八〇四）、四十五歳の北斎は曲亭馬琴《きょくていばきん》の読本《よみほん》『小説比翼文《ひよくもん》』の挿絵を執筆した。これより以前、黄表紙、狂歌、談義本、洒落本《しゃれぼん》、咄本《はなしぼん》、狂句などのさまざまな文芸作品に挿絵をえがいていたが、読本の挿絵の執筆はこのときが最初である。もっとも、前年の享和三年（一八〇三）に刊行された流霞窓広住《りゅうがそうひろずみ》作の読本『古今奇譚《ここんきだん》　蜑捨草《あますてぐさ》』に「画狂人北斎画」と署名のある挿絵が六図みられるが、挿絵だけのちにいれたかとうたがわれる形跡があり、確実な読本の挿絵執筆はこの文化元年にはじまる。

読本は挿絵を中心とした絵本にたいする名称で、文字を主とした読む本の意味でもちいられた。文学史上のジャンルとしてははじめ十八世紀の中ごろから、浮世草子のあとをついで上方でおこなわれた小説をさし、十九世紀にはいると中心は江戸にうつった。この後期江戸読本では挿絵の量が急激にふえ、名のとおった浮世絵師がその執筆にたずさわり、山東京伝《さんとうきょうでん》、曲亭馬琴らの名文と共鳴しあって、後期の江戸文芸界を代表する文学になった。

北斎は馬琴のほかに、小枝繁《さえだしげる》、柳亭種彦《りゅうていたねひこ》、万亭叟馬《まんていそうば》、振鷺亭《しんろてい》、梅暮里谷峨《うめぼりこくが》、六樹園飯盛《ろくじゅえんめしもり》（宿屋飯盛）などの作者とくんで挿絵を担当している。当時、馬琴ときそいあった読本界最大の実力者は山東京伝であったが、北斎は京伝の作品には挿絵をえがいていない。二人の仲がわるかったという説があるが、それを裏づける現象である。

読本挿絵の執筆は北斎の芸術にあたらしい展開をあたえることになった。寛政の改革のきびしい取締まりによって、風刺や好色の方向を禁じられた読本の内容にひかれて、怪奇、幻想、哀切、優婉《ゆうえん》、残虐など、多方面にわたって、北斎は画題と画境を拡大していった。かれは三四点あまりの読本作品に約一五〇〇図の挿絵をえがいている。この読本の挿絵にこそ北斎の神髄があらわれているとたかく評価する美術史家も一人や二人ではない。

文化九年（一八一二）秋、五十三歳の北斎はこのころ名古屋にいたようである。後援者でもあり絵の弟子の一人でもあった牧墨僊《まきぼくせん》の宅に半年あまり滞在して絵手本『北斎漫画』の下絵三〇〇図あまりを執筆した。『北斎漫画』は二年にわたる準備期間をへて文化十一年に初編が名古屋の版元永楽堂から出版された。すこぶる好評で、続編が名古屋と江戸の版元による共同出版のかたちをとって、北斎のなくなったあとまで継続して刊行され、全部で一五冊におよんだ。画題の豊富さと一図一図のデッサンのたしかさで、北斎の作品のなかでももっとも有名なものになり、北斎絵画のワンダーランドへの格好の入門書の役割をはたすことになった。たまたま日本磁器のあいだにはさまれフランスに輸出され、版画家のブラックモンの眼にとまって、ヨーロッパの印象派に大きな影響をあたえたことはよく知られている。

北斎の大達磨

文化十四年（一八一七）、北斎五十八歳。再度名古屋の花屋町《はなやまち》に滞在して『北斎漫画』の下絵の執筆に専念していた北斎の思い出を出入りの本屋の小僧がかたった記録が紹介されている（武田酔霞「葛飾北斎尾張名古屋の生活」『浮世

文化14年に名古屋で描いた達磨大師の図（永楽堂刊行　画号「北斎戴斗」）

絵』大正五年三月)。

日当りのわるい暗い六畳の部屋で、ふとんは敷きっぱなし、飯は土鍋のたきすて、茶碗や小鍋のたぐいはあらったことがなく、衣類は垢《あか》じみてぼろぼろ。そんな部屋にこもりっきりで、北斎は下絵がきをしていた。本屋の使いで小僧がたずねるたびに、北斎はちらかっている紙きれに、ぶんまわし(円をえがく道具)や指の先に墨や絵の具をつけて花や鳥、人物などさまざまなものを曲描きしてはきまえよく小僧にくれたという。泥沼にこそうつくしい花は咲く。北斎の鬼気せまる芸術三昧の日常であった。

この年の冬、名古屋西本願寺別院の境内広場で一二〇畳敷きの紙に大達磨《だるま》の半身をえがいて中京ッ子の度肝《どぎも》をぬいている。虚心の『葛飾北斎伝』にくわしいレポートがある。

十月五日。あらかじめ版元永楽堂から広告ビラを配付して宣伝しておいた効果があらわれ、早朝から大群衆がおしよせた。広場にもみがらを敷き、そのうえに紙がひろげてある。二名の門弟をしたがえてあらわれた襷《たすき》がけ、袴《はかま》のすそをたかくとりあげた北斎は、藁《わら》一把ほどの大きさの毛筆を桶《おけ》のなかの墨汁にどっぷりとひたして、鼻、両目、口、耳、頭とえがきあげてゆく。胸のあたりまでかいたところで、蕎麦《そば》がらをひとからげにしたべつの筆をとりあげ、さかやきや髭《ひげ》などをかく。隈取りや彩色は、棕櫚箒《しゅろぼうき》を墨や朱にひたして門人の助けをかりてほどこしてゆく。絵が完成したころにはすでに陽は西にかたむきかかっていた。できあがった絵は丸太組みにしかけられた滑車でまきあげられて、まちかねた見物人のまえにその全容をあらわすという仕掛けである。

この達磨の絵は縮図の摺物がつくられ、永楽堂からうりだされている。名古屋の本屋の抜け目のない商魂をみることができるが、北斎もこの種のイベントはきらいではなかったらしく、これより先、文化元年（一八〇四）の四月にも、江戸の音羽《おとわ》の護国寺《ごこくじ》でおなじ大きさの達磨の図をかきあげていた。

神の技術をもとめた晩年

技術の完成

天保二年(一八三一)、北斎は七十二歳をむかえた。このころからかれは「富嶽三十六景」シリーズの刊行をはじめた。版元西村屋与八が柳亭種彦《りゅうていたねひこ》の合巻『正本製《しょうほんじたて》』に掲載した広告によると、三六枚にかぎるものではなく一〇〇枚くらいを構想していたようであったが、現存する作品は四六枚である。

富士にはとくべつの愛着をもっていたらしい北斎は、天保五年には絵本シリーズ『富嶽《ふがく》百景《ひゃっけい》』の刊行を開始した。その初編の跋文《ばつぶん》に、あくことのない技術の完成への執念をつぎのようにもらしている。

自分は六歳から物の形を写す習癖があり、五十歳のころからしばしば画図を描写したが、七十歳まえにえがいたものにはとるにたる作品はない。七十三歳になってようやく禽獣虫魚の骨格、草木の生えぐあいをさとることができた。したがって八十六歳で画業はますますすすみ、九十歳でなお絵画の奥義をきわめ、百歳でまさに神妙の域に達しようか。百十歳では一点一画生けるごとくなろう。願わくば長寿の君子、わたしのこのことばの妄言でないことをご覧になってください。

人間の限界をしりながらなお長寿によって神の技の完全さをもとめた言である。プロローグに紹介した天保十三年（一八四二）、八十三歳の年からはじめた「日新除魔」六〇〇枚の大シリーズも、いろいろな意味づけが可能であろうが、まず技術の完成をもとめるものであったことは確実である。かれが晩年にこころみた「千絵の海」「諸国滝廻り」「百物語」などの、同一主題のシリーズ揃物にもおなじ目的があったはずである。

弘化元年（一八四四）、八十五歳になった北斎は信州小布施《おぶせ》に旅して土地の素封家《そほうか》高井鴻山《こうざん》宅にとどまって祭りの屋台図や寺院の天井絵に筆をふるっていた。現在、小布施町にのこっている東町祭屋台天井絵「鳳凰《ほうおう》」図、同「竜」図、上町《かんまち》祭屋台天井絵「男波《おなみ》」図、同「女波《めなみ》」図、岩松院天井絵「鳳凰」図などである。迫力にみちたその図柄は北斎晩年の傑作であり、のちにみるように、かれの信仰や思想の総決算でもあった。

菩提寺浄土宗誓教寺（東京都台東区元浅草４－６－９）

長逝

嘉永二年（一八四九）、九十歳になった北斎は春ごろから病床にふすようになった。『葛飾北斎伝』によると、医者はひそかに娘の阿栄《おえい》にむかって「老病です。もう医薬の力にはおよびません」とつげたという。門人や旧友たちがあつまって、看護につとめたが、春がすぎてまもなく、四月十八日に浅草聖《しょう》天町《でんちょう》遍照院《へんしょういん》境内の借家でなくなった。死にのぞんで長大息《ちょうたいそく》した北斎は「天が自分にあと一〇年の寿命をくれるならば」といいかけて、しばらくして「天があと五年の寿命を保たせてくれるならば、本当の画工になることができるものを」といいおわって死んでいったという。

墓は現在も台東区元浅草の誓教寺墓地にのこっている。正面には「画狂老人卍《まんじ》墓」「川村氏」とあり、左側面には「ひと魂でゆく気散じや夏の原」と辞世の一句がきざまれている。

北斎の生涯を駆け足でたどってみた。一所不住の覚悟、技術の完全への執念、頻繁とかえた画号、長寿願望などが、かれの生き方のきわだった特色としてみえてくる。

墓碑正面「画狂老人卍墓」

北斎は生涯に九三回も住所をかえたと『葛飾北斎伝』はつたえる。九三回の転居は確認できないにしても、二〇回をこえる転居先は調べがつく。一所不住の覚悟である。かれが浮世絵にかぎられないさまざまな絵画の様式をまなびながら技術の完成をもとめたことは、生涯の事跡をたどってみればあきらかである。技術の完全への執念である。かれは頻繁と画号をあらためた。複数の画号をもちい、その組み合わせは一〇〇をかるくこえるといわれている。頻繁とかえた画号である。そしてかれが異常に長寿をのぞんだことも、かれのわずかにのこされた言行からたどられる。長寿願望である。

これらの特色はからみあって北斎の九〇年の生涯をいろどっている。プロローグにあげた北斎の謎をとく鍵もこのかれの九〇年の生き方のなかにあるはずであるが、ただ、かれの生涯からみちびきだしたこれらの特色だけでは謎のすべてをときあかすことはできない。むしろ謎はさらにふかまったとすらいってよい。もっと具体的で確実な手がかりからわたしたちは出発しよう。

画号に北斎の信仰と思想が見える

北斎画号の整理

画風と画号

北斎は生涯に画号をたびたびかえた。さきにみた特色の「頻繁とかえた画号」である。金にこまると自分の画号を弟子に金でゆずってべつの号にあらためたという俗説が生まれるほどに頻繁と号をあらためた。ありがたいことにこの北斎の画号の変化は、かれの生活と画風の変化に対応し、まさにかれの生き方と信仰を知るためのこのうえない手がかりを提供してくれている。

画風は絵をみれば見当がつく。われわれが知りたいとねがう北斎の思想や信仰は絵からだけではわからない。しかも北斎はわずかな書簡やおなじ時代をいきた知人の若干の証言をのぞけば、その内面をうかがう資料の極端にとぼしい人である。そんな北斎の心のうちにはいりこむ通路がかれの画号である。

北斎の数多い画号を主と従にわけて整理することが研究者のあいだに一般的におこなわれている。北斎は複数の画号をくみあわせてもちいることが多く、主画号というのは長期にわたってもちいられた中心になる画号であり、従画号は主画号とくみあわされて短期間使用された副画号である。

主画号と従画号

主画号はつぎの六つである（安田剛蔵「北斎改名考――北斎は五度改名した――」『在外秘宝　葛飾北斎』一九七二年、学習研究社）。使用時期は久保田一洋「北斎改名論再考――肉筆画の印章と鑑識――」（『浮世絵の現在』一九九九年、勉誠出版）、リチャード・レイン『北斎』（一九九五年、河出書房新社）などを参照した。

春朗　安永八年（一七七九）二十歳〜寛政六年（一七九四）三十五歳
宗理　寛政七年（一七九五）三十六歳〜寛政十一年（一七九九）四十歳
北斎　寛政八年（一七九六）三十七歳〜文政二年（一八一九）六十歳
戴斗　文化七年（一八一〇）五十一歳〜文政二年（一八一九）六十歳
為一　文政三年（一八二〇）六十一歳〜天保十二年（一八四一）八十二歳
卍（万字）　文政六年（一八二三）六十四歳〜嘉永二年（一八四九）九十歳

この六種のほかに、これらの号とくみあわせて使用された従画号にはつぎのようなものがある。

辰政　雷震　不染居　画狂人　画狂老人　九々蜃　葛飾老夫　葛飾老人　葛飾親父　不岳　向岳　月痴老人　乞食坊主　独流開祖　所随老人　是和斎　群馬亭　可候　時太郎　天狗堂熱鉄　土持仁三郎　三浦屋八右衛門　人形屋八右衛門　藤原祐則　天竺浪人　完知

画号「かつしか北斎」

主画号の由来を検討して整理するとつぎのように分類することができる。

師弟関係に由来する画号
　春朗　宗理
妙見信仰に由来する画号
　北斎　戴斗
老荘思想に由来する画号
　為一
日蓮宗に由来する画号
　卍（万字）

従画号のほうは主画号に比較して数も多いし、その由来も複雑である。試みに分類するとつぎのようになる。

姓名に由来する画号

時太郎　藤原祐則

誕生地に由来する画号

葛飾老夫　葛飾老人　葛飾親父

戯《ざ》れ心に由来する画号

月痴老人　乞食坊主　是和斎　可候　独流開祖　群馬亭　天竺浪人　天狗堂熱鉄

山岳信仰に由来する画号

不岳　向岳

妙見信仰に由来する画号

辰政　雷震

老荘思想に由来する画号

不染居　画狂人　画狂老人　完知

その他

九々蜃　土持仁三郎　三浦屋八右衛門　人形屋八右衛門

これらの画号はさらに大きくつぎの二種類にわけられる。

第一種　肉筆・一枚摺版画・団扇画・各種絵本など

信仰・信条・誕生地・姓名などに由来する画号が中心

第二種　黄表紙

戯れに由来する画号にかぎられる

個々の画号の由来をさらにこまかに検討してみる。

画号の由来

誕生地・姓名・師弟関係に由来する画号

北斎の画号の顕著な特色は信仰や信条に由来する画号が多いことである。ここでは、それらの画号をのぞいて、まず、誕生地・姓名・師弟関係などに由来するわかりやすいものからみてゆく。

『葛飾北斎伝』によると北斎は葛飾の本所割下水《ほんじょわりげすい》に生まれている。従画号の葛飾老夫・葛飾老人・葛飾親父などは、かれの誕生の地、生まれ故郷にもとづく画号とみてよい。また同書によると幼名を時太郎、のちに鉄蔵と改名したという。従画号の時太郎の由来はこれであきらかになるし、戯画号の天狗堂熱鉄の「鉄」の一字の根拠も幼名の鉄蔵とかかわりのある可能性がかんがえられる。

画号「春朗」

画号「北斎宗理」、朱印「北斎」「宗理」

かれが藤原と署名している作品がある。弘化三年（一八四六）十二月の制作時期をしるす肉筆の「富嶽と徐福図」、翌四年の肉筆「郭子儀《かくしぎ》繁栄図」、翌五年の「唐獅子《からじし》図」などである。「富嶽と徐福図」には「藤原祐則《すけのり》」とあり、ほかの二図には「俗称中島鉄蔵藤原為一」とある。中島は北斎が四、五歳のころに、一時、養子にいったことのある幕府の御用鏡師中島伊勢である。藤原はその中島家の先祖の血統をさす姓なのであろう。かれはのちのちまでこの養家の誇りを背負っていきていたとみられる。

主画号の春朗《しゅんろう》、宗理《そうり》はかれの師弟関係にもとづくものである。この事実については前章の「誕生から修行時代まで」ですでにふれた。安永七年（一七七八）、十九歳のときに勝川春章の門にはいって、勝川春朗、勝春朗などと名のっていたが、師がなくなってからのちは叢《そう》春朗、群馬亭《ぐんばてい》春朗などと署名して勝川姓をやめている。さらに寛政七年（一七九五）、三十六歳のとしには春朗号をすてて、二代目俵屋《たわらや》宗理、百琳《ひゃくりん》宗理などと名のった。

この時期、ほかに北斎は「菱川《ひしかわ》宗理」という号ももちいていた。菱川は浮世絵の元祖ともみなされることのあった菱川師宣《もろのぶ》につながろうとしたものである。

戯れ心に由来する画号

北斎は二十一歳のころから黄表紙《きびょうし》の挿絵を執筆している。また異論もないわけではないが、黄表紙の本文もかいていたふしがある。黄表紙は江戸の草双紙《くさぞうし》の一種で滑稽《こっけい》や諷刺《ふうし》をねらいとした小説である。その作者や絵師もしたがってユーモラスで機知的なペンネームや画号をもちいるのが通例であった。北斎が黄表紙の挿絵や本文をえがくときにもちいた従画号はつぎのようなものであり、いずれも戯れ心に由来する号であったとおもわれる。

　是和斎《ぜわさい》　群馬亭　可候《かこう》　時太郎可候

是和斎については『葛飾北斎伝』に、当時流行した伊勢音頭《いせおんど》のはやしことばの「ヤットコセイ、コレワイセイ、ナンデモセイ」をもじった戯号であったとのべている。また可候は「書こう」と「そろべく」をかけている。「そろべく」は「そろべくそろ（候可候）」の省略体で、この文句は手紙文などで簡略につづけ書きするところから、ものごとをいいかげんにすること、ぞんざいの意味でつかわれた俗言である。

群馬亭《ぐんばてい》はあきらかでない。群馬には地名と多くの馬の意味がある。そのいずれかであろうが決め手を欠く。

黄表紙に関係のない戯号は比較的意味がわかりやすい。月痴老人の月

画号「可候」

痴は「がち」と発音し、野暮《やぼ》、無粋《ぶすい》などの意味でもちいる。独流開祖は勝手気ままな流派の開祖の意味であり、天竺《てんじく》浪人は住所不定の放浪者をいう。いずれも北斎の戯号にふさわしい。天狗堂熱鉄も一人で天狗になって熱をあげている人物をふざけていった号である。

山岳信仰その他に由来する画号

北斎の画号のなかには、不岳、向岳など、山にかかわる号がある。印章にまで眼をくばると、「ふしのやま」「よしのやま」「富士」などの文字も使用されている。これらの画号や印章はたんなる趣味として使用したものなのか、つぎの章以下でくわしく検討する妙見信仰や老荘思想などに由来する画号と同様に、北斎のある種の信仰や思想にもとづくものなのかは判断にくるしむところである。

しかし、天保二年（一八三一）からはじまる「富嶽三十六景」シリーズ、天保五年（一八三四）からはじまる絵本の『富嶽百景』シリーズに当時流行した富士講信仰の影響をみる説はすでに何人かの研究者によって提出されている。その一人、美術史家の小林忠氏は、「富嶽三十六景」の成功のかげに、この時期に江戸市民のあいだに燃えさかった富士信仰の力があったことを指摘し、北斎の作品を「私的な富士塚」という安価でうつくしい護符として購入した人たちがいたことを推定しておられる（『富嶽三十六景』浮世絵大系13（別巻1）、一九七三年、集英社）。また歴史家の吉田伸之氏はこの小林氏の指摘をうけて、地方の山岳講の指導者である御師《おし》たちが江戸で北斎の山の錦絵を買ってかえり、周辺の旦那《だんな》たちに配付した可能性をかんがえておられる（朝野秀剛・吉田伸之編『浮世絵を読む　北斎』一九九八年、朝日新聞社）。

これらの説は絵師の北斎自身が富士に代表される山岳信仰の信者であったとまで指摘しているわけではない。しかし、つぎのようないくつかの理由によって、作者の北斎みずからが山岳信仰のもち主であったと推定できる可能性がある。

①　北斎画号の傾向
②　北斎の長寿願望と山岳信仰の結合
③　北斎の山岳絵画の迫真性
④　北斎信仰の体系性と一貫性

①は北斎の画号のつけ方にある一定の傾向があるということである。すでに検討したように、かれの画号や印章は二通りにわけられる。たんなる趣味や趣向でつけられた戯れの画号はユーモア文学の黄表紙の挿絵にかぎられるのにたいし、肉筆や版画などの浮世絵につけられた画号や印章はかれの真摯《しんし》な信仰や信条とむすびついて選択されたものがほとん

どである。

この二種の分類は、画号から北斎の生き方と芸術をさぐろうという本書の根本方法にかかわるものである。この分類を適用すると、山岳を主題としたかれの画号と印章はいずれも肉筆や版画にかぎられ、かれの生き方や信仰に由来するものであったと判断される。

②北斎には顕著な長寿願望があり、のちに詳述するように、山岳信仰、ことに富士山の信仰は神仙思想と結合してかれの長寿願望に対応するものであった。

③北斎の作品は「富嶽三十六景」や『富嶽百景』にかぎらず、「諸国滝廻り」「諸国名橋奇覧」シリーズ、さらには肉筆「富士越竜図」（北斎館所蔵）など、山岳絵画に傑作が多い。人間の技術をこえたこれらの神技の産物に北斎の敬虔《けいけん》な山への感情同化をみてとることができる。

④はかれの信仰や信条には、かれの心奥からわきでた要求による体系性と統一性があり、その時々の関心や興味にひかれてえらばれ、すてられていったようなものではなかったということである。山にたいする信仰はその北斎の体系的な信仰のなかにくみこまれるものである。この事実も本書全体をつらぬく根本テーマにかかわっているのでとくに強調しておきたい。

さきに画号の分類で「その他」としてかかげておいたものについて、さらにここでまとめてふれておく。

九々蜃《くくしん》は文化二年（一八〇五）の歳旦摺物《さいたんすりもの》にみえる号といわれている。歳旦摺物ははじめ俳諧の世界にはじまって、のちに漢詩や狂歌などにもおよんだ文人の正月風習である。俳諧の宗匠とその弟子たちが暮れと正月にめでたい句をよみ、それに挿絵などをそえて印刷し、知人にくばったもので、句文も絵も祝賀の気分にみちていた。したがって、それにつけられた九々蜃の号はめでたい長寿を意味する。九はめでたい陽の数字のきわまったもので、それを二つかさねて長寿の極限をあらわす。蜃は大蛤《おおはまぐり》のことで、中国の怪異小説の『述異記』などによると五〇〇年をこえる寿命をたもつとされている。九々辰ともしるされることがある。北斎の長寿願望のあらわれであろう。

土持《つちもち》仁三郎は天保十二年（一八四一）、八十二歳の年の五月四日付け小林新兵衛あて書簡の署名に「いつもの田舎のおやち　土持仁三郎」としてつかわれている。

おなじ八十歳代に北斎は肉筆や書簡などに三浦屋八右衛門、人形屋八右衛門、百姓八右衛門などの号を集中的に使用していた。「田舎」とか「百姓」「無筆」などのことばをあわせてもちいているところからみて、田舎の一庶民として生きようとした北斎の謙遜の自称とみることができるが、そのような生き方を北斎に余儀なくさせたものとして、天保十二年からはじまった天保の改革のきびしい錦絵弾圧の世情をも考慮する必要がある。

妙見信仰

はじめに紹介したように『葛飾北斎伝』は、北斎が柳島の妙見堂を信仰し、北斎、辰政《ときまさ》、雷斗、雷震などは妙見信仰に由来する号であるとのべている。画号を手がかりに、さらに北斎の生き方と信仰の謎をおいかけてみる。

柳島の妙見堂

柳島の妙見堂は東京都墨田区業平《なりひら》五丁目の日蓮宗妙見山法性寺のビル内に現存する。幕末の屈指の文化人斎藤月岑《げつしん》が編集執筆して天保年間に刊行した『江戸名所図会』はこの妙見堂についてつぎのように説明している。北斎の生きていた時代の様子をうかがうことができる。わかりやすく現代語に訳してかかげる。

妙見菩薩　おなじ川端橋《かわばたばし》をこえたむこうの角にある。日蓮宗法性寺の境内に安置されている。本尊の由来はあきらかではない。近世、霊験《れいげん》あらたかであるというので参詣人がたえることがない。堂のまえに影向松《ようごうまつ》とよばれる霊樹がたっている。本尊がはじめてこの木のうえに降臨されたというところから星降松《ほしくだりまつ》とも、千年松ともよんでいる。元和《げんな》のころ、将軍がこの地においでになって、あらためて鏡の松というよび名をたまわったといいつたえている。

博学の斎藤月岑にも本尊のいわれがわからなくなっていたようである。さいわいに現代のわれわれはこの法性寺が発行した略縁起《りやくえんぎ》とよばれる宣伝のパンフレットをみることができる。その一種「本所柳島開運妙見大菩薩略縁起」（築瀬一雄『社寺縁起の研究』一九九八年、勉誠社、所収）がつたえる内容をかいつまんで紹介しよう。

下総《しもうさ》国葛飾の西柳島は近世の貞享（一六八四〜八八）のころから江戸に所属するようになった土地である。むかし源頼朝公がこの地に陣をはられたとき、千葉介常胤《ちばのすけつねたね》がいちはやくかけつけ、源氏の武運をたたえた歌をよんだ。よろこばれた頼朝公はこのあたり一帯を千葉氏にたまわった。頼朝公が柳島に陣をとられたときに、大きな松の木に旗をたてられたので鎌倉殿旗立ての松とよばれ、のちに千葉殿の松と名がかわった。

明応（一四九二～一五〇一）のころ、この松の木のうえに毎晩ふしぎな光があらわれた。日蓮宗の真間山弘法寺《ぐぼうじ》の日与上人の弟子の法性房《ほっしょうぼう》の夢に、北辰妙見大菩薩が亀の背にのってあらわれ、葛飾の西柳島の松の木のもとに尊像をかくしたというお告げがあった。さっそく法性房がかけつけると松の木に北辰尊星が降臨し、根もとから尊星の像が出現した。土地の人びとはそこに弘法寺の末寺として一寺を建立し、開祖法性にちなんで妙見山法性寺と命名した。松の木は妙見大士影向《ようごう》の松とも星下《ほしくだり》の松ともよばれた。

この略縁起によって、妙見堂のはじまりが室町時代の末にまでさかのぼること、法性寺の名は創建者に由来することなどが理解される。法性寺は、市川《いちかわ》市の真間《まま》に現存する日蓮宗の名刹《めいさつ》弘法寺の末寺として建立された寺であったが、むしろ妙見信仰がもとになっていて、法性寺はその守護を目的につくられた。ただこの略縁起からは北辰妙見菩薩が星にたいする信仰であることはわかるが、その星が北極星か北斗七星かは解明されないし、日蓮宗とふかい関係をもっていたことは確実であるが、星の信仰がなぜ日蓮宗とむすびついたのか、その理由もあきらかではない。

『葛飾北斎伝』は、「妙見は、北斗星、即《すなわち》北辰星なり」といいきって、北辰星は北斗七星としてなんの疑問もいだいていない。しかし、そうかんたんには断定できない。

北極星と北斗七星

中国にまでさかのぼってみると、そうかんたんには断定できない。中国最古の漢字辞書の『爾雅《じが》』には「北極、これを北辰という」とあり、古代中国人の理解では、北辰は北極星とかんがえられていた。孔子も『論語』の「為政篇」で、

政を為すに徳を以《もっ》てすれば、譬《たと》えば北辰のその所に居て、衆星のこれをめぐるがごとし。

とのべて、北辰を天空の中心に位置して多くの星がそのまわりをめぐる星、つまり北極星と理解していた。

古代の中国人は北の夜空にうごかない星をみつけ、ほかの多くの星がそのまわりを整然と運行していることを知って、その星を北辰とよんだ。辰は天文観察の基準となった星で、かならずしも北極星だけをさしたことばではなく、太陽、オリオン、サソリ座のアルファ星なども辰とよばれ、古代の一時期、北斗も辰とよばれたことがあった。北斗七星は紀元前三世紀以前には、現在よりも北極星にちかく位置していて、地平線下にしずまないことがあったという。しかし、その期間はけっしてながくはなかった（窪徳忠『道教の神々』

一九八六年、平河出版)。

北極星はふるくから中国人の信仰の対象になった。天の神々についてしるした『史記』の「天官書」では、最高神の天帝太一《たいいつ》の居所とされ、北極星を中心とした星座は天上世界の宮廷とみなされて、紫宮とか紫微宮《しびきゅう》とかよばれている。神そのものではないが神と同一視されていたといえる。これが道教の信仰になると北極星は神そのものとみなされるようになる。北極大帝、北極紫微大帝などとよばれ、最高神である玉皇大帝のもとにあって星座や自然界を支配する神となり、のちには天界・人界・冥界の三界を統合する神にまで昇格している。

北極星とならんで北斗七星もはやくから中国人に信仰されていたが、北極星よりいちだんとひくくみられていた。さきに引用した『史記』の「天官書」で太一の乗り物とされているのはその証拠である。道教では北斗真君、北斗星君などと名づけられて、地上の人間や死者たちの行動をしらべ、生死や幸福災難などをつかさどっている神とされた。

北辰の信仰は中国で仏教の密教とむすびついて、妙見菩薩の信仰になる。そのもっともはやい例は五世紀ごろに成立した『七仏八菩薩大陀羅尼神呪経《だらにしんじゅきょう》』にみることができる。そのなかに「われ、北辰菩薩は名を妙見という。今、神呪を説き、諸国土を擁護せんと欲す。所作はなはだ奇特なり。ゆえに妙見と名づく。閻浮提《えんぶだい》におり、衆星中の最勝、神仙中の仙……」という文章があって、北辰の信仰が仏教にとりいれられて北辰菩薩または妙見菩薩とよばれるようになったことがわかる。妙見の「妙」はすぐれていること、「見」はあらわすこと、つまりすぐれた霊力をほめたたえていわれた名称であったことがあきらかである。

ここにあらわれる北辰菩薩や妙見菩薩は「衆星中の最勝、神仙中の仙」などの表現からみて北極星をさしていたとみられるが、この信仰が日本にはいってきた段階で、その本体は北極と北斗が混同されるようになり、その混乱が今日にまでつづいていることははじめにみたとおりである。混同の理由はおそらくつぎの二つであろう。

①人間の運命をつかさどる星座として北斗七星の信仰がさかんになった。

②北辰の辰がたんに星を意味するようになり、北辰ということばが北斗七星をさすようになった。

そのあたりの経緯をさらに具体的に検討してゆこう。

日蓮宗と妙見信仰

北斗七星信仰

妙見菩薩の信仰は日蓮宗にかぎられるものではなく、天台・真言の両密教系統の寺院をはじめとする仏教各派、さらに修験道などにまでひろく浸透しているが、ことに日蓮宗とはふかいつながりがある。その重要なきっかけになったのが、宗祖日蓮にまつわる「星下り」の伝説である。

文永八年（一二七一）の九月、鎌倉竜《たつ》の口の法難をのがれた日蓮は、相模国愛甲郡依智《えち》の本間六郎左衛門の屋敷にあずけられて佐渡への出発をまっていた。その夜、日蓮が宗門の隆盛を月にむかっていのっていると、空から明星のような巨大な星がくだってきて、まえの梅の木にかかるという不思議な現象がおこった（『種々御振舞御書』）。この日蓮のまえにくだった星が北斗だという明確な根拠はないのであるが、それがしだいに北斗七星とむすびつけられて、妙見信仰を方向づけてゆく。

日蓮宗と妙見信仰をむすびつけてそのささえ手になったのは関東、ことに房総地方の武士たちであった。

関東の妙見信仰

もともと武士は軍神として北斗七星信仰をはやくからうけいれていた。北斗の七星は、中国では順に、貪狼《どんろう》・巨門《きょもん》・禄存《ろくそん》・文曲・廉貞《れんてい》・武曲・破軍とよばれ、柄杓《ひしゃく》の柄のはしにあたる破軍星は剣をかたどって、軍神とみなされてきた。この観念が日本にもはいって武士たちの信仰の対象にされていた。妙見信仰を北斗七星信仰とするうえに大きな役割をはたしたのはこの武士たちである。千葉、相馬、大内などの武士が妙見を軍神として信仰していたが、なかでも千葉一族がさらに妙見信仰の対象である北斗七星を日蓮宗とむすびつけていった。

日蓮の誕生の場所は安房《あわ》小湊《こみなと》である。このあたり一帯に勢力をもっていた千葉氏は、日蓮とのゆかりから日蓮の教えを信奉し、かれらがふるくからいだいていた北斗七星信仰と結合させていった。

そのもっともふるい資料としては『源平闘諍録《とうじょうろく》』の巻五をあげることができる。その概要はつぎのとおりである。

平家方の千田判官代藤原親正《ちかまさ》は伊豆の石橋山の合戦にやぶれて安房ににげた源頼朝をうとうとして一千人余りの大軍をひきいて下総《しもうさ》におしよせた。この地方を支配する千葉常胤《つねたね》はちょうどそのとき、頼朝を迎えるために上総《かずさ》まで出むいていて留守であった。千葉館にのこっていた十七歳の孫の成胤《なりたね》はわずか七騎をひきいて千田の大軍に果敢に戦いをいどんでいった。苦戦におちいってあわや討死にというときに、かぶろ頭の一人の童子が出現して、敵のうつ矢をことごとくうけとって成胤らを守護し、勝利をおさめることができた。

のちにこの奇跡をしった頼朝が、「そもそも千葉氏はいかにして妙見菩薩を信仰しているのか。また妙見のご本体はどのような仏なのか」と常胤にたずねたところ、常胤は次のように説明した。

承平五年（九三五）の平将門《たいらのまさかど》と同族良兼《よしかね》の合戦のおり、とつぜんあらわれた童子が弓矢をもって将門に味方して勝利にみちびき「われは妙見菩薩である。十一面観音が姿をかえたものである」とあかしたという。そののち妙見の守護は将門から同族の良文《よしぶみ》にうつりさらに千葉氏が代々この信仰を相伝してきたという。

『源平闘諍録』は『平家物語』の異本の一種で成立年代のはっきりしない本であるが、巻一に建武四年（一三三七）の奥書があるのでそれ以前の成立であることは確実である。この資料はのちの妙見菩薩にかかわる多くの縁起類の原型になったものである。

千葉氏の根拠地の下総の千葉郷、現在の千葉市にも千葉一族が信仰した妙見菩薩をまつる日蓮宗の妙見寺があり、そこにつたえられた略縁起「妙見星尊略縁起」（中野猛編『略縁起集成第三巻』一九九七年、勉誠社）もこの『源平闘諍録』によってしかも若干の書きかえをしている。それによると、この妙見菩薩は千葉氏代々の信仰があつく、源頼朝の挙兵のさいに味方をした千葉成胤が平家方の千田親政の大軍にかこまれて危険におちいったとき、雲のなかから童子姿の妙見菩薩がくだってきて敵をけちらして成胤をすくったという。

この略縁起の本文ではつぎのように妙見菩薩は北斗七星であるといいきっている。

千葉郷の妙見菩薩は万徳のそなわった北斗七星であり、この星が出現するときは破軍星であって、軍陣の守護神であるとふるい記録にしるされている。

以上、北辰信仰即妙見信仰に北極星説と北斗七星説のある理由と、北斎の信じた妙見信仰の本地が北斗七星であり、それが日蓮宗とむすびついた経過をあきらかにすることができた。

妙見信仰に由来する画号

寛政八年（一七九六）から使用した主画号の北斎と文化七年（一八一〇）から名のったおなじ主画号の戴斗《たいと》の二つは虚心の『葛飾北斎伝』に妙見信仰によるものであることが明記されている。同書はつづけて、柳島の妙見堂に参詣したさいに、落雷にあって田圃におちたので、雷斗、雷震という画号をもちいたとのべている。

北斎の北は北斗七星にもとづき、斎はいわゆる斎号とかんがえることができる。斎はもともとは物忌みするとかうやまうなどの意味をあらわしたが、物忌みする場所から転じて部屋とか勉強部屋（書斎）などの用法が生まれた。斎号は勉強部屋や雅号などにつける名称で最後に斎の字をともなうものをいう。日本では室町時代ごろからさかんになった。

戴斗は北斗七星を頭上にいただくという意味であるから、やはり北斗七星にたいする信仰を直接的にしめしている。北斗七星は人間の寿命をつかさどる神という観念が中国に生まれて日本にもうけつがれているので、北斎の妙見信仰の中枢には長寿への願望があった。

画号「北斎改戴斗」

雷斗という画号をつかっていたという証拠は『葛飾北斎伝』以外にもとめられないので、信憑性《しんぴょうせい》はうすい。斗にはひしゃくの意味があり、そこからひしゃくの形をした南斗、北斗、小斗の三つの星座を斗というようになったが、ただ斗とだけいうときはもっぱら北斗七星をさしている。したがって雷斗はかみなりと北斗七星、または北斗七星のうえにおちたかみなりという意味の戯号になる。北斗七星が北斎自身をいうとすれば、落雷事件にふさわしい号である。

雷震は中国の古典の『漢書《かんじょ》』や『淮南子《えなんじ》』などに出典のあることばで雷がなりひびくことをいう。こちらのほうは文化年間の北斎の作品にその使用を確認できる号である。中国では雷は天が悪人を罰するときの手段であるという観念がふるくからあり、雷にうたれて死ぬことはもっとも体裁のわるい死に方とされていた。中国の事情につうじていた北斎がこのような事情をしらなかったはずはないので、あえてこのような画号をつかったのは一種のふざけであった。

妙見信仰に由来する画号としてはほかに辰政《ときまさ》がある。寛政十一年（一七九九）、四十歳のときから文化にかけてつかっていた号で、従画号のなかでも有力なものの一つである。辰は北斎の生まれた宝暦十年（一七六〇）の干支の庚辰《かのえたつ》と妙見菩薩の異称の北辰菩薩をかけたものであろう。政は、鳥居清政・北尾重政・歌川国政・歌川直政など、同時代の浮世絵師の号に多い字である。

さらに、北斎が肉筆や版本の挿絵によくもちいた印章の「亀毛蛇足」も、すでに河野元昭氏が指摘されるように（『日本の美術三六七号　北斎と葛飾派』一九九六年、至文堂）、妙見信仰を表現している。現存する妙見菩薩の像は数点知られているが、それらは足下に亀と蛇をふまえている。つまり「亀毛蛇足」の印章は戴斗と同様に北斗＝妙見の乗り物の意味であった。

画号「前北斎卍」

画号「画狂老人卍」

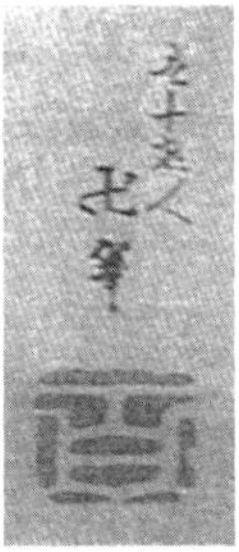

画号「九十老人卍」

日蓮宗に由来する画号

文政六年（一八二三）、北斎六十四歳の年から嘉永二年（一八四九）、九十歳になるまで使用した画号の卍《まんじ》は仏教信仰を表現する号である。

卍は世界的なひろがりをもっている模様であり、太陽、空間、神秘、速度、増加などのさまざまな意味をあらわしたが（アト・ド・フリース『イメージ・シンボル事典』一九八四年、大修館書店）、インドの各宗教では吉祥や美徳を象徴するしるしとしてもちいられた。サンスクリットでは、スバスティカあるいはシュリーバトサといい、漢語に訳されて吉祥喜旋、吉祥海雲などの字があてられた。太陽が光をはなっている様子を形象化したものとされるが、アショカ王碑文にみられた吉祥を意味するスバスティという文字を図案化したものという説もあって一定していない。

さらにヒンズー教ではヴェシュヌ（クリシュナ）神の胸の旋毛を象徴したものといい、仏教やジャイナ教では釈迦の胸や足の裏、頭髪にある瑞相《ずいそう》をあらわしているとされている。卍は仏教とともに中国や日本にもつたえられ、仏心の象徴として使用され、またひろく仏教、寺院の記号にもなった（平凡社『世界大百科事典』、小学館『日本大百科全書』の「卍まんじ」の項参照）。

北斎の生き方と老荘思想

老子と荘子

老荘と併称される老子と荘子であるが、その経歴は不明な点が多く、二人とも謎の人物である。老子・荘子ともにその存在さえ疑問視されることもあるほど伝記のよくわからない人物である。

まず老子からみてゆく。

老子

老子はもともと老先生というくらいの意味の普通名詞であるから、固有名詞かどうかすらさだかでない。老子についてもっともふるく、詳細にしるす伝記資料は、紀元前一世紀ごろに完成した前漢の司馬遷《しばせん》の『史記』であるが、すでにそのころには、老子の存在があいまいになっていたらしく、司馬遷は世間で老子とつたえられてきた人物として、

孔子の先輩にあたる李耳《りじ》
孔子と同時代の老萊子《ろうらいし》
孔子の後輩の太子聃《たいしたん》

という三人の人物をあげて、そのなかのだれとは断定していない。ただ『史記』がもっとも詳細に伝記をのべているのは李耳であり、また書物としてつたえられた『老子』の内容を判断して、孔子の先輩の思想家とかんがえられるところから、李耳が最有力人物とみなされてきた。『史記』がつたえる李耳の経歴はつぎのとおりである。

生まれは現在の河南省鹿邑県《ろくゆうけん》にあたる楚《そ》の苦県《こけん》で、字《あざな》は聃《たん》、紀元前六世紀のころに、東周の王朝の図書室の司書役をつとめていた。若き日の孔子が都の洛陽に遊学したおりに老子に礼について教えを乞うた。老子はそれにこたえず、孔子の思いあがりや気負いをいましめたという（このエピソードは『礼記』をも参照）。老子は道と徳をおさめ、世にめだたないようにしていたという。ながく東周の王室につかえていたが、王朝がおとろえると、旅にでた。河南省と陝西省の境の函谷関《かんこくかん》にさしかかったとき、関の長官の尹喜《いんき》の求めにこたえて上下二編からなる五千言あまりの書物をかきあたえた。そののち老子の消息はとだえた。つたえによれば、道をおさめた老子は百六十歳から二百歳にもなる寿命をたもったという。

この『史記』が記述する老子の伝記は、行方知れずになったとのべながら、長寿をたもったとしるすなど、いくつかの疑問があり、そのままでは信じられない。現存する書物の『老子』を司馬遷は李耳が函谷関でかきあたえた書物とかんがえていたようであるが、一九七〇年代に湖南省長沙の馬王堆《まおうたい》の漢代の墓から出土した絹布《けんぷ》にかかれた『道徳経』との比較によって、現存の『老子』はすでに先秦時代には存在していたが、まだ『道徳経』とよばれていて、老子という人物とのかかわりは否定されている。しかし、老子伝説が形成された漢代の初期には『道徳経』が老子とむすびつけられ、『老子』とよばれるようになっていたらしい。

『老子』の思想はかんたんにいえば「無為自然」ということばにまとめることができる。儒教の人為的な道徳、学問を否定し、道とよばれる自然の摂理にしたがって生きることを目的とする。老子を祖とし、荘子をその後継者とする思想学派を道家とよぶいい方は紀元前一世紀ころまでには生まれていた。

荘子

荘子という人物についても『史記』につたえがある。先秦時代の思想家で本名は荘周。現在の河南省南部の蒙県の出身で、漆園《うるしえん》の役人になったことがあるという。楚の威王が宰相としてむかえようとしたが、祭りの犠牲となる牛のたとえ話をひいて辞退し、生涯気ままにくらすことをのぞんだ。この『史記』にしるす伝記は書物の『荘子《そうじ》』にのべられているエピソードをつなぎあわせてつくりあげたもので、荘周という人物の実在はうたがわしいというのが現在の有力説である。したがって『荘子』という書物もある時期に一人の人物の手になった著作というよりも、道家の思想の雑然とした集成であった原本に幾次かの整理がくわえられて、紀元後三世紀ごろ、晋の郭象《かくしょう》によって最終的に編纂整理されたものが、現行の『荘子』であるとされている。

『荘子』も『老子』とおなじように「無為自然」を説くが、『老子』が公の政治思想としての「無為自然」であるのにたいし、『荘子』は個人的な心のもちようとしてそれを説く。せまい自己の判断や思慮をはなれてあるがままの天の摂理、道にしたがう生き方を理想としている。

日本文化と老荘思想

老荘思想の日本への渡来の時期はあきらかでないが、かなりふるくまでさかのぼるのではないかと推定される。はやく七世紀はじめの聖徳太子の「十七条憲法」には『荘子』の文句がもちいられており、九世紀の末までに中国から日本にもちかえられた書籍を集成した目録である『日本国見在書目録』には二六部の『老子』関係書と二一部の『荘子』関係書が登録されている。この数は儒学書におとらず多く、日本の知識階級にひろく『老子』や『荘子』がよまれていたことをしめしている。

八世紀の末、弘法大師空海が二十四歳の年にあらわした仏教書の『三教指帰《さんごうしいき》』には道教の立場から長寿の術《すべ》を説く虚亡先生が登場する。かれの説は最終的には仏教の立場から否定されているが、当時、道教や老荘思想が浸透していたことがわかる。

平安前期の文章博士春澄善縄《はるずみのよしただ》は、仁明天皇に『荘子』の講義をしていたし、おなじ平安前期の学者詩人で政治家としても活躍した菅原道真《みちざね》は漢詩文集『菅家文草《かんけぶんそう》』のなかに『荘子』の字句をよみこんだ詩をのせていた。説話集の『今昔《こんじゃく》物語』や歌謡集の『梁塵《りょうじん》秘抄《ひしょう》』にも『荘子』の影響がみられ、中世の歴史書『神皇正統記《じんのうしょうとうき》』や説話集『沙石集《しゃせきしゅう》』には『老子』の引用がかさねられていた。また随筆『徒然草《つれづれぐさ》』十三段には、

ひとり灯のもとに文をひろげて、見ぬ世の人を友とするぞ、こよなう慰むわざなる。文は文選《もんぜん》のあわれなる巻々、白氏文集《はくしもんじゅう》、老子のことば、南華の篇。この国の博士どもの書ける物も、いにしえのは、あわれなること多かり。

とのべられ、著者の兼好《けんこう》法師の愛読書として『文選《もんぜん》』や『白氏文集』とならんで『老子』

や『南華真経《なんかしんきょう》』ともよばれた『荘子』があげられていた。

中世の末に成立した一条兼良《かねら》の説話集『語園』には『荘子』から多くの寓話がひかれているし、五山《ござん》の禅僧のあいだでも『老子』や『荘子』をよむことが流行していた。儒教のリゴリズムや権威主義にたいし、老荘の思想には人を自然の自由に解放するゆとりがある。戦国乱世の時代にこの世のむなしさや権威・秩序の崩壊をいやというほどみてきた近世はじめの人びとのなかに『老子』や『荘子』の思想がうけいれられていったのも当然な現象であった。

憂世と浮世

「うきよ」ということばは、通常、中世までの仏教的無常観にいろどられた苦の「憂世」から近世的な享楽意識にいろどられた楽の「浮世」にかわっていったと説明されている。この説明は基本的にはあやまっていないが、楽の「浮世」観の成立には、近世のはじめにさかんになった『荘子』の「浮生《ふせい》」観の影響をみる必要がある。

『荘子』の「刻意篇《こくいへん》」につぎのような文章がある。

　聖人は生きているときには天地自然の運行に身をまかせ、死ぬときにはものの変化に身をまかせる。無心に陰陽の二気に調和してゆくのである。禍福をも心にとめず、物が心に感じてのちに反応し、物が身にせまってのちにうごき、事がやむをえなくなってのちにこれにあたる。知恵や作為をはなれて天の理にしたがう。

このゆえに聖人は天のわざわいをうけず、物のわざわいをこうむらない。生きているときには流れに浮かびただようように、死ぬのはちょうど休息するようである。あれこれ思慮することもなく、知謀をもちいることもなく、ひらめきがあっても外にあらわさず、まことがあっても応報を期待しない。ねむるときには夢をみず、さめているときには憂いがない。その心は自然のままに純粋で、魂はつかれることがない。

この文の「生きているときには流れに浮かびただよう」は原文の表現には「其生は浮かぶがごとく」とある。「浮かぶ生＝浮生」こそが、つぎのような近世初期に流行した「楽の浮世」の根底をささえていた観念であった。

夢の浮世の、露の命の、わざくれ、成り次第よの、身は成り次第よの（隆達《りゅうたつ》小歌《こうた》）

これよりすぐに豊国へ、いざや我らは祇園殿、さては北野へいざゆきて、国がかぶきを見んという人もあり、東福寺の橋にて踊らばや、五条にてなぐさまんと、我にひとしき友人をひきつれ〳〵、いずれかよからましかわと、心の慰みは浮世ばかりとうちしげる。（恨の介）

近世における老荘思想の受容

老荘思想

近世の精神界を表むきに支配したのは儒教と仏教であったが、裏の精神界を実質的に支配し、われわれの想像をこえて大きな影響をあたえたのが老荘思想であった。中国においてすでにそうであったように、儒教と仏教にたいするきびしい批判者となり、実学や権威主義にかたむきがちな近世の思想にゆとりと自然体をとりいれて、両者のバランスをとるうえに絶妙のはたらきをしている。

近世、『老子』や『荘子』の本文が刊行されて版をかさね、名のとおった儒学者や知識人のなかにも注釈書をつくる風がさかんであった。ひろくよまれた代表的な注釈書をつぎにあげる。

『老子』

林　羅山	老子経抄	承応元年（一六五二）刊行
太宰春台	老子特解	天明三年（一七八三）刊行
皆川淇園	老子釈解	寛政九年（一七九七）刊行
大田晴軒	老子全解	天保十三年（一八四二）刊行
広瀬淡窓	老子摘解	嘉永二年（一八四九）刊行

『荘子』

著者未詳	荘子口義《くぎ》抄	寛文十年（一六七〇）刊行
人見林塘	荘子口義桟航《さんこう》	延宝九年（一六八一）刊行
毛利貞斎	荘子口義大成俚諺鈔《りげんしょう》	元禄十六年（一七〇三）刊行
服部南郭	荘子注	元文四年（一七三九）刊行
五井蘭洲	荘子郭注紀聞	写本
巌井　文	荘子南華真経集註	文政八年（一八二五）刊行

『老子』や『荘子』の影響をうけた文芸も近世には歓迎された。俳諧の談林派・蕉門派、滑稽文学の談義本、洒落本《しゃれぼん》、読本《よみほん》などにその影響がおよんでいる。

このような多方面にわたった老荘思想の影響を狭義の思想と文学に二分して整理したのが小島康敬氏の論考「江戸思想史の中の老荘思想」(『日中文化交流史叢書3　思想』一九九五年、大修館書店)である。江戸の知的世界にあたえた老荘思想の影響を、思想レベルと文学レベルとにわけ、さらに全体をつぎの六つに分類している。

思想レベルでの受容と展開

(1) 経世術としての老荘思想の受容と展開
荻生《おぎゆう》徂徠《そらい》・太宰《だざい》春台《しゆんだい》・海保《かいほ》青陵《せいりよう》らの老荘理解

(2) 自己慰撫《いぶ》の哲学としての老荘思想の受容と展開
津軽藩勘定奉行 乳井貢《にゆういみつぎ》の場合

(3) 体系的な世界観形成の次元における老荘思想の受容と展開
広瀬《ひろせ》淡窓《たんそう》の『析玄《せつげん》』

(4) 儒教の人為的文明観に対する批判的思想としての老荘思想の受容と展開
賀茂《かもの》真淵《まぶち》の『国意考』・安藤《あんどう》昌益《しようえき》の『自然真営道』

文学レベルでの受容と展開

(5) 詩文風雅の世界における老荘思想の受容と展開

して北斎がいる。

あたえられるが、もちろん、老荘思想の影響は以上にとどまるものではない。その一例と

近世文化における老荘思想の影響の全体を体系的に見とおした展望としてたかい評価を

(6)　戯作文学における老荘思想の受容と展開

談義本・洒落本・滑稽本

芭蕉・蕪村・良寛・服部南郭《はっとりなんかく》

北斎の為一号の出典

北斎の主画号六種のうち、六十一歳から八十二歳までの晩年につかった為《い》一《いっ》号の出典は『老子』と『荘子』である。この事実を最初に指摘した人は飯沼正治氏である（第四回浮世絵研究会口頭発表「北斎の周辺——自然主義に徹した画狂人——」）。

まず『老子』の「賛玄《さんげん》」の章につぎのようにのべられている。

これを視《み》れども見えず。名づけて夷《い》という。これを聴《き》けども聞こえず。名づけて希《き》という。これを搏《と》らえんとすれど得ず。名づけて微《び》という。この三者は致詰《ちきつ》すべからず。故《もと》より混じて一《いっ》と為《な》る。その上あきらかならず。その下くらからず。縄縄《じょうじょう》として名づくべからず。無物《むぶつ》に復帰す。これを無状の状・無物の象《しょう》という。これを惚恍《こっこう》と為《な》す。

これを迎うれどもその首《くび》を見ず。これに随えどもその後《しりえ》を見ず。古《いにしえ》の道を執《と》りて、以て今の有《う》を御《ぎょ》し、能く古始を知る。これを道紀《どうき》という。

この文の内容はつぎのとおりである。

唯一絶対の道は人間の感覚ではとらえられないかくれた存在である。じっと見ても見えないので、これを名づけて夷、つまり「色のないもの」という。じっと耳をすましても聞こえないので、これを名づけて希、つまり「声のないもの」という。どんなに手でさぐってもつかむことができないので、これを名づけて微、つまり「形のないもの」という。

この三つは人間の感覚ではつきとめようがないものである。道はもともとこの三種がまぜあわされて一つになったものである。道はその上面があきらかなわけでもなく、その下部がくらいわけでもない。つかみどころがないので、名づけようがない。物のない状態、つまり混沌にもどっている。これを形状のない形状、物のない形という。これをぼんやりとさだかでないものという。

まえからまちうけても頭を見ることができず、うしろから追いかけてもうしろを見ることができない。太古からの道をたいせつに保存して、現在のあらゆる存在を支配して、万物万象のはじま

画号「不染居為一」

画号「前北斎為一」

りを知ることを、道のおきてを知るというのだ。

章名の「賛玄」は奥ぶかくてあきらかに知ることのむずかしい道の本質を玄、暗いということばであらわし、それをほめたたえるという意味である。『老子』の教えの根本である道の混沌とした性格を説いている。道は視覚を超え、聴覚を超え、触覚を超えた存在である。この三つの超越が一つになったものが道である。

三者が一つになるという意味で「為一《いいっ》」といい、道そのものをさしている。それはあらゆる存在の根底の混沌であり、名状しがたいものであるが、森羅万象はそこから生じてくる。ふつうの宗教でいう神のような存在を『老子』では道という。北斎はみずからを神に比定しているのである。

「為一」ということばは『荘子』の「斉物論《さいぶつろん》」の章にもでてくる。

「斉物論」とは物の論つまりあらゆる思想や考えを一つにまとめるということで、斉はまとめるとかととのえるという意味である。ここでは儒家をはじめとする諸子の思想を批判しながら荘子の哲学をのべてゆく。ここで論じられる「為一」は『老子』とは異なった方向から論旨を展開しているが、道のかぎりない混沌性、無限定性を論じている点では一致する。内容だけを紹介する。

人は自分の基準でよいとするものをよいとし、よくないとするものをよくないとする。ちょうど人びとがあるいているうちに道路ができあがり、万物は人びとがそういうからそうきまるようなものである。それではどうしてそうなるか。そうであるからそうなるのだ。それではどうしてそうならないのか。そうでないからそうならないのだ。万物はもともとそうなるものをそなえているし、もともとよいとされるものをもっているのだ。どんなものでもそうでないものはなく、どんなものでもよいものでないものはない。だから、大きい桂と小さい桂、めずらしいものとあやしげなものなど、あらゆるものが、道のうえからは一つになるのだ。そこにはなんの価値のちがいもない。

万物が分散することは生成することであり、生成することはこわれてゆくことである。万物は生成するものもこわれるものも区別はなく一つなのだ。ただ道によく通達した人だけが一つであることを知っているのだ。

ここに説かれていることは万物が一つであるということであり、それを知るものは道に通達した人だけであると主張されている。『老子』では道そのものを「為一」とするのにたいし、『荘子』では道の立場からみたときに万物が「為一」とされる。道の本質論が前者だとすれば、道の機能論が後者ということになる。なまはんかな学識ではひきだすことのできない老荘思想の根本テーマをしめす用語を北斎は画号に採用していたのである。

為一号以外にも『老子』や『荘子』に出典をもつ号を北斎は使用していた。それらの号にも検討をくわえてゆこう。

号「完知」

まず完知《かんち》である。北斎は三十九歳、四十歳のころの一時期、完とか完知とかいう従画号をつかっていた。完知の意味はこのままでは不明であるが、北斎がその門にまなんだことのある俵屋宗理《そうり》の流れをくむ俵屋宗琳《そうりん》の別号の完斎知道を参照すると、完全に道をきわめること、またはきわめた人を意味していたと判断される。

道についてはまえにくわしくのべた。通常の宗教において神にあたるものを老荘の思想では道という。道はあらゆる存在の根底にある混沌であって、口で表現することは不可能なものであるが、森羅万象、宇宙のすべてはそこから生じてくる。その道について完全に知る人は聖人または真人とよばれる。

完全に「知る」とはどういうことか。『荘子』の「斉物論」にはつぎのようにのべられている。

真の道は口にだしていいえず、真の弁舌はことばによらない。真の仁は仁としてはあらわれないし、真の清廉《せいれん》は謙譲ではなく、真の勇気は人とさからうことはない。つまり、道ははっきりあらわれると道ではなく、ことばは口にだされると不完全になる。仁は固定されると真価をうしなう。清廉は清廉であるといつわりになり、勇気はあらそうようになると真の勇気ではなくなる。この道、弁、仁、清廉、勇気の五つは本来は融通自在な円《まる》いものであるがややもすれば動きのとれない角ばったものになりがちである。

だから、知は知らないままにとどまっているのが最高の知なのである。口にだされないことばや、道として形をとらない道をだれが知ろうか。もしそれを知ることのできる人があれば、これこそ天府《てんふ》すなわちすべてのものを内に蔵する倉庫にもたとえられる人である。

道について完全に知る人とはすべてを内におさめる天府にたとえられる人である。この人を『荘子』では聖人とか真人という。聖人は「万物を心におさめて類別をしない人」（斉物論）であり、またそのいいかえである真人については「大宗師《だいそうし》」の章でつぎのように説明される。

真人は真の知をもっている人である。不遇な状況にあっても運命にさからわず、成功してもおごることなく、何事にも策略をめぐらさない。このようにつぎからつぎへと真人であることの条件を『荘子』はならべてゆく。生をよろこぶことを知らず、死をにくむことも知らない。生れでてもよろこばず、死ぬこともこばまない。平然と死に、平然と生まれてくる。生のはじめの死の世界をわすれることなく、いそいで生の終わりをもとめることもない。生命をうけてすなおによろこび、執着せずにもとにかえる。このような心で道をすてず、人為によって天のいとなみを助長しない。これを真人という。

北斎の生涯の生き方はもちろんこの真人や聖人とはかなりちがっている。完知という画号をすぐすてたように、かれはむしろ真人や聖人とは大きく異なった生き方をすることになるのであるが、ただかれの人生のある時期に、道をもとめて努力したことがあったとかんがえることは、北斎の芸術をかんがえるうえに示唆的である。

号「是和斎」

是和斎《ぜわさい》はたわむれの号である。そのことについてはすでに説明した（戯《ざ》れ心に由来する画号）。そこからあまり深刻な意味をよみとろうとするととんだあやまちを犯すことになりかねない。そのことを承知のうえでいうのであるが、すこしひっかかることがある。それは、はやしことばの「コレワイセイ」を「コレワセイ」にあらためて「和」の字をあてたことである。「猥」「歪」「蛙」「鮭」「賄」「淮」など「ワイ」にあてることのできる字はいくらでもある。

「和」も老荘思想の重要な概念をあらわしていることばである。たとえば『老子』の

「道化《どうか》」の章にはつぎのようにある。

道は一を生じ、一は二を生じ、二は三を生じ、三は万物を生じ、万物は陰を負い、陽を抱き、沖《ちゅう》なる気をもって和となす。

この文の内容はつぎのように説明される。

万物の根源である道がただ一つの存在を生み、そのただ一つの存在が陰陽の二つの気を生み、陰陽の二つの気は第三の沖なる気を生む。つぎにこの第三の沖なる気が万物を生むのである。だから万物には陰の一面と陽の一面がそなわっていて、沖なる気で調和しているのである。

沖はもともと水がわきかえって渦まく状態をいい、ここでは陰陽二つの気がいりまじって調和していることをさしている。つまり「和」は万物を生みだす根源としての陰陽が調和して、生命力あふれる状態をいうことばなのである。

「和」は『老子』の「玄符《げんぷ》」、『荘子』の「外篇」の「在宥《ざいゆう》」・「天地」・「天道」・「繕性《ぜんせい》」などの各章にもでてくる。

和を知ればすなわち常《じょう》、常を知ればすなわち明《めい》（和を知るものは恒常不変であり、恒常不変の道を知るものがすなわち道の玄妙さに明らかなものである、「玄符」）。

天気和せず、地気鬱結し、六気《りくき》ととのわず、四時節《しいじ》あらず（天の気がみだれ、地の気がよどみ、陰陽風雨晦明の気がととのわず、四季の気候が順調でない、「在宥」）。

冥冥のうち、独り暁《ぎょう》を見、無声のうち、独り和を聞く（道に達した人は、まっくらななかでただ一人光が見え、音のないなかでただ一人調和した音がきこえる、「天地」）。

それ天地の徳に明白なるもの、これをこれ大本大宗《だいほんだいそう》といい、天と和するものなり。天下を均調し、人と和するゆえんのものなり。人と和するもの、これを人楽《じんらく》といい、天と和するもの、これを天楽という（そもそも天地の無為の徳にあきらかなものを大本《おおもと》といい、天と調和するものである。そういうものは天下をよくととのえ、人と調和するものである。人と調和するものは人とたのしむものであり、天と調和するものは天とたのしむものである、「天道」）。

それ徳は和なり。道は理なり。徳、容《い》れざることなきは仁なり。道、理ならざることなきは義なり（そもそも徳とは和であり、道とは理のことである。徳がすべてを包容するのが仁であり、道がすべて理にあてはまるのが義である、「繕性」）。

ここでは和は名詞、動詞両方に使用されている。その両者をつうじて調和を意味しており、老荘思想の根本である無為自然の道や徳にしたがって生きることをいっている。是和斎という戯号の文字の選定にも、北斎の『老子』や『荘子』にたいする教養がはたらいていたといえる。

号「不染居」

老荘思想の根本精神をあらわす重要な述語で北斎の画号にかかわった語としては、ほかに「不染居《ふぜんきょ》」と「狂」がある。どちらも『老子』や『荘子』のテキストには普遍的、原則的にその思想が説かれているだけであるが、のちに後継者たちによって体系だてられ、具体化され、老荘思想の根本の教義になってゆくものである。

「不染居」とは居るところにこだわらないことである。『老子』の「養身」・「運夷」などの章に説かれているつぎのような文がこの思想の源流になっている。

　ここをもって聖人は無為の事に処《お》り、不言の教えをおこなう。万物を作りて辞せず。生じて有せず。為《な》して恃《たの》まず。功成りて居らず。それただ居らず。ここをもって去らず（だから、こういう相対的境地を超越して絶対の道を体現する聖人は、人為を去って自然にしたがい、またことばをすてて不言の教えをおこなうのである。道は万物を生じながら一言もかたらない。生じたものを所有しない。ものごとをなしとげてほこらない。功をなしてもその地位にいない。そもそもそういう地位にいようとはしないのである。だからその功が身を去らないのである、「養身」)。

金玉堂に満つればこれをよく守ることなし。富貴にして驕《おご》ればおのずからその咎《とが》をのこす。功成り名遂げて身しりぞくは天の道なり(黄金や宝玉で堂をいっぱいにしたらそれを守りきることはむずかしい。富みさかえておごれば自然にそのとがめをうけることになる。功成り、名とげて、その栄誉の地位から身をしりぞく態度こそ天の道にかなった行為である、「運夷《うんい》」)。

老荘思想の根本精神に無為自然があることについてはこれまでもふれてきた。人間のことさらなる作為を否定して道の自然にしたがう生き方であり、その無為自然の境地を体得した人が聖人または真人である。無為自然はなにもしないのではなく、なすべきことをなしたのちにその位置に拘泥しないことである。居るところにこだわらない「不染居」の精神である。

「不染居」ということばの出典については仏教用語の「不染《ふぜん》」を指摘する説が河野元昭氏にある(『日本の美術三六七号　北斎と葛飾派』一九九六年、至文堂)。ただしい見解である。仏教用語の「不染」は「不染汚」(「ふぜんま」とも「ふぜんな」とも発音する)の略語でけがれにそまっていないことをいう。

不染心　けがれのない心
不染無知　けがれをもたない無知
不染無明　けがれのない無明
不染羅漢　煩悩のけがれのない羅漢

などの用例が各種の経典にみえている。この用法から類推すると、不染居はけがれにそまらない居所、清浄な住居ということになり、世間の汚れのなかに居住しながら、その汚れにそまらない、一種の脱俗の境地をさすことになる。脱俗の境地には自力による作為があり、老荘思想からみちびきだした無為自然とは離反した心境になる。仏教各派のなかで自力を説く禅宗の経典にこの「不染汚」の用例がよくみられることもその事実を証明している。北斎の生き方と芸術のあり方からみて、出典は仏教によりながら、老荘思想流に意味をふりかえたことばが「不染居」ではなかったかとおもう。

不染居は、北斎が寛政十一年（一七九九）、四十歳のころからときおり使用した号である。住居や画号、画風をひんぱんとかえた生き方の根本にこの精神があったとみれば、かれの生き方と芸術の中枢部分の説明がこのことばでつくことになる。

画号「不染居為一」

北斎は、享和元年（一八〇一）、四十二歳のころから画狂人とか画狂老人とかいう画号をつかいはじめ、晩年まで単独に、あるいはほかの号とくみあわせてもちいつづける。かれの従画号のなかではもっともよく使用されたものの一つである。

号「狂」

「狂」について『荘子』はつぎのように説いている。

浮遊は求めるところを知らず、猖《しょう》狂《きょう》は往くところを知らず（浮遊しているものはいかにも自由でなにをもとめているかわからないし、おもうままにふるまっているものはいかにも無心でその行く先がわからない、「在宥」）。

道流るれども明《めい》におらず、得《とく》おこなわるれども名におらず。純《じゅん》純《じゅん》常《じょう》常《じょう》として、すなわち狂に比す。迹《あと》を削《けず》り勢を捐《す》てて、功名を為さず。この故に人を責むることなく、人また責むることなし（その道が天下におこなわれても、自分の名をあきらかに世にしめすことがなく、その徳が天下におこなわれても、その名声を自分の身にうけない。心を純粋に、行為を平常にして、そのまま無心な狂人のようにふるまう。跡ものこさずに権勢をすてて、功名を自分のものともしない。そのために人をせめることもなく、人もまた自分をせめることがない、「山木」）。

『荘子』において狂人は自然に無心にふるまって、この世の名声や権勢をもとめない人をいう。意識することなく無為自然という老荘思想の本質に則して行動する人が狂人であった。聖人や真人にかぎりなくちかい存在といえよう。北斎が画狂という号を名のったのは、無心に自然に絵筆をふるって、しかも絵の本質をきわめることのできる絵師たらんとする願いをこめていたのであろう。

『荘子』で解ける「日新除魔」の謎

この書のはじめに北斎をめぐる謎の一つとして「日新除魔《にっしんじょま》」をあげた。天保十三年（一八四二）十一月、八十三歳になっていた北斎は日課として獅子を画題とした墨絵の連作をえがきはじめた。六〇〇枚をこえる大シリーズになったこれらの作品は「日新除魔」と命名された。獅子を画題とした連作がなぜ悪魔をとりのぞく呪術になるのか。

日本人は獅子に悪魔ばらいの呪力をみとめていた。そのことは正月などにまわれる獅子舞をかんがえれば納得がゆく。一年のはじまりを清浄にむかえようとして悪魔ばらいの獅子舞が各家の門口でまう。

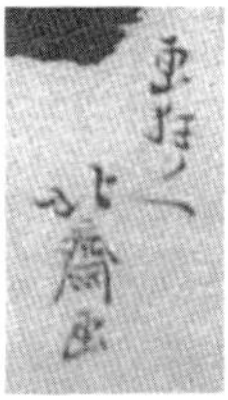
画号「画狂人北斎」

獅子舞の起源はインドにあり、そこから東南アジアや東アジアにひろがり、極東の日本にまで到達した。それらの地域に共通して獅子に

「日新除魔」の連作「獅子の絵」

霊力をみとめる信仰がはたらいている。発生地のインドをのぞくと、現実にはライオンの棲息していない地方で民俗芸能としての獅子舞が保存され、獅子が信仰されている。現実には見ることができないからこそ抽象化されて神性をたもちつづけることができたのであろう。「日新除魔」の画題に獅子がえらばれたのはその呪術力に期待したからに相違ない。

しかし、この「日新除魔」のシリーズでもう一つ解明しなければならないのは、なぜ毎日獅子の絵をえがきつづけたのかということである。えがきつづけることにも意味があったのである。そこには、技術の鍛練が「人間の真実の生き方＝道」につうじるという『荘子』の哲学をよみとらなければならない。『荘子』の庖丁《ほうてい》問答として知られる「養生主篇《ようせいしゅへん》」の一節であるが、ながい文なので要約してつぎにしるす。

庖丁という料理人が主君の文恵君のために、あるとき、牛を解体してみせた。丁のもつ刀が牛にふれるかふれないうちにみごとなリズムで牛が解体されてゆく。丁の身のうごきはすぐれた舞のようであり、刀の音はさながら音楽であった。

文恵君はいった。

「ああすばらしい。技量もこれまでになるものか。」

丁がこたえた。

「わたしの好むものは道であって、技術を超えたものです。はじめは目にうつるものは牛の体ばかりで、どこから手をつけてよいやら見当もつきませんでした。三年たってからは心で牛を見て、目で見ることはなくなりました。いまでは、牛の体に本来そなわった自然のすじ目にしたがって切ってゆき、骨と肉のからみあったむずかしいところに刀をもってゆくことはなくなりました。

上手な料理人は毎年刀をとりかえます。これは肉を切りさくからです。平凡な料理人は毎月刀をとりかえます。これは骨を切りさこうとするからです。

いまわたしの刀はすでに一九年つかっています。そのあいだ数千頭の牛を解体しましたが、刀には刃こぼれ一つありません。牛の関節にはすき間がありますが、刀の刃さきには厚みがありません。厚みのないものをすき間のあるところへ入れるのですから、ゆったりとして、刃さきを自由にうごかす余地はかならずあるものなのです。このようなわけで一九年間使用したわたしの刀は、砥石《といし》でといだばかりのように光っているのです。わたしはむずかしいところにきたときは、じっと心をひきしめ、手のうごきはゆるやかに、微妙に刀をうごかします。やがて解体された牛はあたかも土が大地におちるようにくずれおちます。」

文恵君はいった。

「すばらしい。わたしは庖丁のことばをきいて生命をやしなうことができた。」

文恵君の称賛にたいして料理人の庖丁がこたえたことばは、「臣の好むところは道なり、技よりは進めり」とある。この技術をこえた道の存在をたかく評価することばは日本の芸道論にも中世以降大きな影響をあたえてきた。茶道、書道、華道、芸道、柔道、相撲道など、本来ならば「技」や「術」を追求すべき芸術やスポーツが一様に道ととなえるのは『荘子』の「道は技術を超える」という思想をとりいれたためといわれている（福永光司『道教と日本文化』一九八二年、人文書院）。

また、最後の文恵君の「生命をやしなうことができた」ということばはもとの漢文では

「生を養うを得たり」となっている。「生」は人間の生命から本質までをひろく意味する語である。道が「養生」つまり人間の寿命をのばすのである。長寿を熱望した北斎が日々絵画の制作につとめた直接の根拠は『荘子』のこのことばにあったとみてよいが、しかし、芸道への精進が除魔の呪法になるという「日新除魔」の信念は『荘子』すらこえている。北斎はなにからこのような信念を得たのであろうか。

北斎の謎の解決

わたしは本書の最初に北斎に信仰や生き方にかかわる謎を六つあげた。

①毎日獅子の絵をえがくことがなぜ悪魔ばらいになるのか。

②妙見信仰の対象は北斗七星か北極星か。

③日蓮宗と妙見信仰はどのように関係するのか。

④法華経の陀羅尼をとなえながら道をあるくという過度の呪術信仰は通常の日蓮宗への信仰とどのようにかかわるのか。

⑤九三回にもなるという転居はたんなる北斎の習癖か。

⑥かれの多くの画号の由来はなにか。

このうち、①②③⑥についてはこれまでに説明しおわることができたが、まだ④⑤の二つが未解決のままにのこされている。さらに北斎の生涯と芸術にかんする根本の謎として、これまでにかれの画号からとりだした、一見ばらばらな山岳信仰、妙見信仰、日蓮宗信仰、老荘思想の四つを統一してとらえる視点はあるのかという課題が解かれなければならない。

　これらの解決のために北斎の生き方と画作をさらにおいかけてみよう。

北斎晩年の傑作小布施の天井絵

小布施の北斎

小布施の町

長野県北東部の上高井郡小布施町《おぶせまち》。千曲川東岸の松川扇状地にひろがる人口一万人強のこぢんまりとした町である。江戸時代には善光寺平の河東《かとう》につうじる谷街道と上州につうじる毛無《けなし》道の分岐点にあたり、六斎市《ろくさいいち》のたつ商業都市としてさかえたが、いまは果樹園芸と名産の小布施栗が町の経済をささえている。この町をとくに有名にしたのは晩年の北斎がこの町に足跡をしるしたからである。

北斎が小布施をおとずれた時期や回数はかならずしもあきらかではない。天保十四年（一八四三）四月の日付をもつ高井鴻山《こうざん》あての北斎の書簡に「来春三月に小布施にゆく」とあるので、かれは翌天保十五年（弘化元年）、八十五歳のときに小布施をたずね、そのましばらく鴻山の宅にとどまったようである。北斎はその前後に何回か小布施をおとずれた。その回数は二回とも三回ともあるいは四回ともいわれている。

高井鴻山

小布施に北斎をまねいた高井鴻山は幕末から維新にかけて生きた土地の豪商であり、文化人であった。

かれの本姓は市村、通称を三九郎といい、名は健、鴻山は号である。地方の一農民にすぎなかった高井家が資産をつくったのは祖父の作左衛門の時代で、酒造を業とするとともに、松代・飯山・須坂・上田・高田と周辺の五つもの藩と京都の公家九条家に商品をおさめる御用達《ごようたし》をつとめて莫大な資力をたくわえた。天明三年（一七八三）に浅間山が噴火して付近の住民に餓死者が多くでたときに救済の献金をし、その功績を称賛されて幕府から高井の姓をもらって帯刀をゆるされたが、作左衛門もその子の熊太郎も高井を名のることはなく、孫の鴻山の時代になってはじめて高井姓をもちいた。

文化三年（一八〇六）の生まれの鴻山は北斎よりも四十六歳の後輩である。その二人が心をゆるしあった友になり、絵のほうで師弟の縁をむすんだきっかけは鴻山の江戸遊学にあった。非凡な才能をみぬいた祖父はこの孫に期待をかけ、文政三年（一八二〇）、わずか十五歳の鴻山にすすめて京都に遊学させた。前後一〇年をこえる京都滞在中に摩島《まじま》松《しょう》南《なん》に儒学、岸駒《がんく》に絵画、貫名海屋《ぬきなかいおく》に書、梁川星巌《やながわせいがん》に詩をまなんだ鴻山はいずれの分野でもすぐれた才能をしめした。

天保三年（一八三二）、二十七歳の年に、星巌にしたがって江戸にでた鴻山は北斎と知りあって入門した。『葛飾北斎伝』はこのころ、北斎は鴻山のまねきをうけて小布施にゆき、一年ちかく滞在したというが、その事実を確認することはできない。

鴻山のとどまることのない知的冒険はそののちもつづく。江戸で陽明学の佐藤一斎の門にはいり、また松代に幽閉された佐久間象山《しょうざん》などともふかい交遊関係をもった。幕末維新期には国の前途をうれえる志士として活躍し、明治をむかえてからは一時、官にもつかえたが、晩年は郷里にもどって師弟の教育に私財のほとんどすべてをなげうった。信州がそののち熱心な師弟の教育で天下に知られるようになったきっかけをつくった事業といわれている。なくなったのは明治十六年（一八八三）であった。享年七十八歳。

小布施町は現在、高井鴻山記念館をたててこの郷里の偉人の功労をたたえている。その記念館が所蔵している文書、川崎紫山「高井鴻山先生ノ俤《おもかげ》」には、鴻山の人柄の特色としてつぎの五ヵ条が列記されている（久保田一洋「北斎最晩年――小布施の周辺――」『浮世絵芸術95・96・97』一九八九年、日本浮世絵協会）。

一　豪放磊落《ごうほうらいらく》であってちいさなことにこだわらない人である。
二　学術技芸に精通している人である。
三　節操をたかくもっている人である。
四　人情にあつい人である。
五　平素は質素倹約を重んじているが必要な時には千金も惜しまない人である。
よく鴻山を知る人の言ということができる。

このような当時の第一級の文化人であった高井鴻山からふかい信頼をうけ、すくなくとも前後二回も招待され、ときに長期にわたる滞在をした北斎もなみの人物ではなかったことが推測される。

北斎と鴻山

鴻山が北斎をどのようにみていたかをよくしめす漢詩がある（岩崎長思『高井鴻山小伝』一九三三年、山崎作治）。弘化二年（一八四五）、八十六歳の北斎が小布施の高井家に半年あまりとどまって去ったときの作とされている（小林忠「小布施の北斎（一）」『江戸文学16』一九九六年、ペリカン社）。わかりやすく口語訳してつぎにかかげてみよう。

来るときも招きによらず

去るときも別れを告げない。
行くも来るも自分の意思のままで
他人の拘束をうけることはない。
自在の変化を手中にし、心の欲するところに
生者死者が出現し、鳥獣もむらがる。
画道はすでにぬきんでて
富貴も座してまつことができるが
七度は上に浮かび、また、八度は下にしずむ。
なぜ窮乏の身となるのか。
あなたは見るであろう、冷たい冬をむかえる者は
またよく盛りの夏をむかえる者であることを。
冷冬も盛夏もみずからえらんで世間にかかわらない。
先生の心のおおらかさはまことに計り知れず、
人の熱意によらずわれのためだけにわれのことをする。
おちついた顔が笑いをふくんでいる観音の面

風にさかまく波濤は岩にくだけて魚や竜が舞っている。
筆力は年が老いるにしたがってますますつよく
巨大な障壁画にも気がみなぎり
みなぎった気は雲霞をつらぬく。
紙本絹本《しほんけんぽん》の絵の需要の多さもいとうことがない。
ただ一幅の唐代太宗の故事の絵が
絵具のまだ乾かぬままにのこされている。
忽然《こつぜん》とあらわれて飄然《ひょうぜん》と去る。他人の思惑に左右されることなく、自在に生きた北斎の行動が活写されている。技芸はすでに神変をきわめ、画中に生者死者、鳥獣を登場させることも思いのままでありながら、意にそまぬ仕事をすることはない。そのために富貴も向こうからくるのを待つ身でありながら清貧にあまんじている。その度量は他人からははかり知れない。
　そんな北斎も、小布施ではよく人のもとめに応じ、年とともにつよまった筆力をふるって、観音を笑ませ、波濤を岩にくだかせ、魚や竜をまわせる。気力みなぎった巨大な障壁画をのこし、多くの紙本、絹本の肉筆画をえがき、唐の太宗を主題とした一幅を完成させてまた飄然と去っていった。

まさに道の自然にしたがって、みずからの欲するままに生をおくる老荘流の典型的な生き方の実践者が、かぎりない敬愛の念をこめて、ここによみこまれている。達人は達人を知るというべきであろうか。

この詩で興味ぶかいのは前半で「他人の拘束をうけることはない」「冷冬も盛夏もみずからえらんで世間にかかわらない」「人の熱意によらずわれのためだけにわれのことをする」などと他人に拘束されない自由な北斎の生き方をうたっていながら、後半では「紙本絹本の絵の需要の多さもいとうことがない」とか「一幅の唐代太宗の故事の絵がまだ乾かぬままにのこされている」などと人のもとめに気軽に応じて絵筆をふるった北斎を登場させていることである。前半と後半で異なる北斎の処世の在り方がこの詩にはのべられている。

この北斎の二面性の境界は一五行めと一六行めにある。「おちついた顔が笑いをふくんでいる観音の面」という一行から北斎はかわるのである。前半は北斎の通常をうたっており、後半は小布施での北斎の行状をうたっているとみれば、この二面性の説明がつく。小布施では北斎は鴻山をはじめとする土地の人びとのもとめに応じて多くの肉筆画をのこしている。

小布施に遺した作品

さきの詩がよまれた弘化二年よりのちの制作で、現在小布施の町に所蔵されている主な北斎の肉筆画にはつぎのような作品がある。

鍾馗	絹本	軸装	一幅	北斎館所蔵
弁慶と牛若丸	絹本	額装	双品	北斎館所蔵
菊	絹本	軸装	二幅	北斎館所蔵
羊	紙本	軸装	一幅	小布施堂所蔵
仕丁鳥居塗装	紙本	軸装	一幅	小布施町個人所蔵
富士越竜	絹本	軸装	一幅	北斎館所蔵
農家春の団欒	紙本	軸装	一幅	北斎館所蔵
瓢箪から駒	紙本	軸装	一幅	小布施町個人所蔵
羅漢	紙本	軸装	一幅	小布施町個人所蔵

これらの作品が「需要の多い紙本や絹本」の作品であり、また「笑いをふくんでいる観音の面」は現在小布施町の岩松院に所蔵されている「楊柳観音」一幅、「風にさかまく波濤は岩にくだけて魚や竜が舞っている」図は北斎館所蔵の祭り屋台天井画や「鯉」一幅な

どを想定することができるのである。

おなじ弘化二年、小布施に滞在中の北斎は「画狂老人」とほりこんだ印鑑を高井鴻山におくり、鴻山は感謝の意味をこめて返しの漢詩をよんでいた。

卍《まんじ》老人は画にくるってみずから画狂と号している。

画にくるうこと八十六年

いま自分に画狂の印をたくした。

自分は画技がつたなくていまだ狂の境地に達していないことをおそれている。

狂が画技の奥義《おうぎ》をきわめてしかも自在の境地にいたるものであることを鴻山はよく理解していた。そして、「画狂」の印をゆずられながら、自分がとうてい師の画境にたっしていないことをなげいているのである。

天井絵の北斎

北斎の弘化二年（一八四五）の小布施《おぶせ》滞在の重要な目的の一つに祭り屋台の天井絵の完成があった。現在、小布施町の北斎館には四図の祭り屋台の天井絵が屋台とともに保存されている。

祭り屋台の天井絵

東町祭り屋台天井絵　「鳳凰」図
東町祭り屋台天井絵　「竜」図
上町《かんまち》祭り屋台天井絵　「男波《おなみ》」図
上町祭り屋台天井絵　「女波《めなみ》」図

このうち、上町の屋台の天井絵の板地の裏面にはつぎのような内容の墨書きがあるという（前掲小林忠氏論文）。

　波濤図二枚
弘化二年乙巳《きのとみ》の七月、江戸の
所随老人の卍が信州高井郡の
小布施村の高井氏の別荘で写した。

縁《ふち》の花鳥は所随老人がこれをえがき、着色したのは門人の
高井鴻山である。
弘化二年乙巳の七月に筆をおこし、明年
丙午《ひのえうま》の閏《うるう》五月に絵を完成した。

これによると、上町の祭り屋台天井の二面の波濤の図は、所随老人ともいった北斎が鴻山の別荘で弘化二年の七月にえがいたものであり、縁の花鳥は北斎が下絵をかいて門人の鴻山が彩色し、やはり七月からはじめて、完成したのは翌弘化三年の閏五月で、ほぼ一年をかけたものであったことがわかる。

また東町の祭り屋台の天井絵の「鳳凰」図の裏面には、

えがくところの鳳凰の絵は北斎卍老人の筆跡であると私は直接先人から聞いている。いまは落款《らっかん》もないのでその事実をここに記す。

時に天保十五年庚辰《かのえたつ》の年である。

としるされ、最後に「明治三十三年十月　男高井辰書（花押）」と署名がある。

上町と東町と、二ヵ所の祭り屋台の裏面の書体には同一とみる説と別筆とみる説があるが、同一説をとる小林忠氏は、この一連の銘文は明治三十三年十月に鴻山の息子の辰二が父からかねてきいていた思い出をかきとめたものであろうと推定されている（小林忠氏前掲論文）。

この東町の祭り屋台の裏書きには明白な誤りが二ヵ所ある。一つは一行めの「北斎」が「比斎」とよめることであり、二つめは天保十五年のただしい干支は甲辰《きのえたつ》であることである。そのためにながいあいだこの裏書きの信憑《しんぴょう》性をうたがう説があったが、昭和六十年代に高井辰二の日記が小布施で発見され、その明治三十三年十月十一日の記事に、

裏町の唐沢小藤太老人の依頼により、

同町の屋台天井の絵は北斎老人の筆跡

であるが落款がないので、かたわらにそのことを記してくれということだったので、父の鴻山から聞くことのできたこととをその天井に裏書きして証明してやった。

自分がかんがえるに図案はその当時の卍老人、彩色は父であろう。しかし、この裏町宿《じゆく》の人びとは一般にただすべて北斎老人の筆であると信じているので、世間には往々このようなことばかりがある。知らん顔もできずその望みどおりに裏書きをしてやった。ああ……

とある。この日記が出現したことによって裏書きが辰二の真筆であることが確認され、制作の事情もあきらかになった（定村忠士「小布施の北斎について」『浮世絵芸術91』一九八七年、日本浮世絵協会）。

師弟の合作

これらの銘文によれば、上町の「男波」「女波」図は、北斎八十六歳の弘化二年から八十七歳の三年にかけて、東町の「鳳凰」「竜」図はその前年の八十五歳の天保十五年にえがかれたものであったことがわかる。二つの屋台図ともに、図案は北斎、彩色は鴻山のコンビの制作であったとみることができる。このころの北斎が小布施の祭り屋台の天井絵の制作を依頼されその下絵に苦心していたことは、天保十四年四月の鴻山あての北斎書簡からもうかがわれる。そのなかで祭り屋台の下絵がすすまず、娘の阿栄《おえい》の旅行手形がなかなかとれないことをうったえ、来年の三月ごろには小布施にゆくつもりであるとのべている（永田生慈『葛飾北斎年譜』一九八五年、三彩新社）。北斎の小布施行には三女の阿栄をともなっていたことがかんがえられる。

上町祭り屋台天井絵の主題

祭り屋台の主題について検討してみよう。

上町の「男波」「女波」図は濃紺を主に、藍色、白色を豊富につかって左巻、右巻の怒濤《どとう》をえがきあげている。中心は渦をまき、波先はまるで魔物がいまにもなにかにつかみかかろうとしているかのように、あるいは竜の爪のように、こまかにわれて無数の波頭となっている。この絵からうかぶイメージは渦潮であり、竜であり、宇宙のはじまりの混沌である。

北斎は波濤の描写にすぐれていた。すぐに思いうかぶのは「富嶽三十六景　神奈川沖浪裏」や「富嶽三十六景　甲州石班沢《かじかざわ》」であり、あるいは絵本『富嶽百景』中の「海上の不二」の名作である。波足や波頭のえがき方がそれらの先行作の描法と大きくちがっているのではなく、それらの技法の集成としてこの天井絵が生まれてきていたことがわかるのであるが、決定的に異なる点が一つだけある。それはこの二つの波の図がほぼ方形の画面のなかに巴《ともえ》紋の構図をとっていることである。

濃紺の波を主体にみれば一つ巴ともなり、右巻の女波と左巻の男波が組みあわされ、それぞれに波頭をからませれば左巻、右巻の二つ巴とも三つ巴ともみえるみごとな構図である。

これが太極図をあらわした図様であることを最初に指摘したのは飯沼正治氏である（「北斎の為一号の出典」）。

太極図

太極図は古代中国の宇宙観で、万物を構成する陰陽二つの気にわかれる以前の根源のエネルギーである。はやく紀元前十二世紀末に建国された周のころに流行した『易』には「易には太極がある。この太極から天地と陰陽の二つの法則が生まれ、二つの法則が陰陽の変化による四つの現象を生む」と説明されており、紀元後の一世紀ごろに成立した『漢書《かんじょ》』には「太極は中央の元気である」とのべられている。この太極を図にあらわしたものが太極図であり、通常は白と黒の巴が二つくみあわされた円形として表現される。

この太極図の成立について、中国文学者の中野美代子氏は「ウロポロス」に原型をもとめている（『中国の妖怪』一九八三年、岩波書店）。ウロポロスは二匹の蛇がたがいに相手の尾をかんでいるか、一匹の蛇が自分の尾をかむ図として表現される。中国では、殷周《いんしゅう》時代の青銅器にすでに二匹の蛇がたがいに相手の尾をかんでいる図や二匹の蛇が頭部を中心においてまるく輪をつくってからみあう模様などがみられ、漢代になって出現する太極図の前身を蛇がまるくからみあうウロポロスにもとめる中野氏の推定はきわめておもしろい。

ウロポロスの意味するところは、①大地をとりまく大洋、②宇宙の統一・一にして全なるもの、③自己受精・自然界の自己充足・両性具有・豊穣、④生命の継続・永遠、⑤肉体や物質の消滅などであり、またつけくわえて、錬金術などでは、a原初のカオスと対称をなす整然とした宇宙、b地球・閉鎖の原理、c永遠性などを表現しているという（アト・ド・フリース『イメージ・シンボル事典』）。こうしたウロポロスの象徴するものが太極図でも表現されているとみてよい。

太極の思想は、中国では、易、老子・荘子の哲学、朱子学などにうけつがれていったが、太極図を教義の根本をあらわす図像であるイコンまたはマンダラとして活用したのは道教であった。中国の道教寺院（道観という）や道教系の民俗祭祀《さいし》では、道師・巫師《ふし》の衣装、祭壇、天井、広場、各種の祭具などにかならずといってよいほどにこの模様をみることができる。

東町祭り屋台天井絵「竜」（北斎館蔵）

北斎は道教に特別の関心をもっていたのか。

東町祭り屋台天井絵の主題

東町祭り屋台の天井絵は左巻の鳳凰図と右巻の竜図である。波から鳳凰と竜に図様がかえられたが根本の主題に変化はなく、やはり太極図をあらわしているとみることができる。竜も鳳凰も中国では想像上のめでたい動物、めでたい鳥として一般に尊重されていて、とくに道教にかぎられる図像ではない。

竜

中国において竜の成立してくる過程については多くの議論がかさねられている。ふつうに、胴体は蛇、頭には鹿に似た角が二本あり、口にはながいひげがはえている。背中にはかたい鱗《うろこ》をもち、四本の足にはそれぞれ奇数本の指をそなえた巨大な爬虫《はちゅう》類として表現される。蛇、むかで、鹿、雄鶏などなど、中国人の動物信仰の集成された存在であり、秦《しん》帝国・漢《かん》帝国よりのち、漢民族が周辺諸民族を統一する歴史のなかで竜は皇帝の象徴になってゆく。少数民族の信仰対象であった動物神を統合して竜の図像は形成されていったものとみることができる。

竜の信仰は中国文化の象徴として周辺諸地域にも輸出され、日本にもはやくからはいっていた。『日本書紀』の海幸山幸の神話に登場してくる海神の娘の豊玉姫は、お産のために産屋にはいりもとの海の国の姿になったときに竜にもどったとある。これは海神としての竜であるが、日本ではほかに水神、雷神などのイメージをもち民間信仰にあらわれる。よく知られているように北斎はそれ以前からこのんで竜をえがいていた。

落款と年齢表記のある肉筆にかぎってもつぎのような傑作がある。

天保八年（一八三七）　七十八歳　　雲竜
弘化二年（一八四五）　八十六歳　　雲竜
弘化三年（一八四六）　八十七歳　　昇竜・降竜
嘉永元年（一八四八）　八十九歳　　竜
嘉永二年（一八四九）　九十歳　　富士越竜

版画とあわせて検討しても、北斎の竜図の傑作が晩年に集中しているのは偶然ではないかもしれない。竜の神秘性と呪力にかれがつよくひかれるようになったからであろう。そうしたかれの竜図体験の出発として東町祭り屋台の天井絵があったが、のちの肉筆竜図とおおきく相違する点は円形としてえがかれていることである。祭り屋台ということを考慮した北斎は太極図のモチーフをもこの竜にこめたのである。

鳳　凰

鳳凰も中国では吉祥の鳥である。
中国ではあらゆる鳥の王とされ、竜とおなじように帝王の象徴とされた。

雄を鳳といい、雌を凰といい、総称としては鳳または鳳凰とよんだ。竜と同様に各種のめでたい鳥獣の合体したものであり、中国の国語辞典のはしりともいうべき『爾雅《じが》』に四世紀の人の郭璞《かくはく》がほどこした注釈によると、頭は鶏、首は蛇、えりは燕、背中は亀、尾は魚で、高さは六尺ほどで五種の色があると説明されている。その五種の色は赤・青・黄・紫・白で、それぞれ固有の名があるが、ただ鳳凰とだけいうときは赤色で代表され、また、朱鳳《しゅほう》、丹鳳《たんほう》、朱雀《すざく》などともいった。

竜とならんで信仰され、竜と鳳凰が天から降臨するときには国家が興隆して太平になり、敵の制覇が可能になるしるしとみなされた。この信仰は民間にもはいって竜と鳳凰が出現するときは万事の成就の前兆とされた（『中国風俗辞典』一九九〇年、上海辞書出版社）。

竜とおなじように鳳凰の信仰もはやくから日本にはいった。ただ日本人には鳳凰というよりも朱雀といったほうがなじみぶかいかも知れない。南の方角をまもる方位神とされ、東方の青竜《せいりゅう》、西方の白虎《びゃっこ》、北方の玄武《げんぶ》（黒い亀）とともに四神《しじん》とよばれ、古代の都市計画では南方に窪地のあるところが朱雀の地相とみなされ、また、内裏から南方にのびる大路を朱雀大路とよんだ。七世紀末か八世紀はじめの築造とみられている奈良県明日香の高松塚古墳の壁画にすでに四神がえがかれていたことは有名である。

北斎にもボストン美術館所蔵の八曲一双屏風など、鳳凰をえがいた作品がいくつかのこされているが、竜ほどなじみのある画題ではなかったし、まして円形の太極図のモチーフにからめた作品はこの天井絵とほかにもう一図、おなじ小布施の岩松院の天井絵があるだけである。

岩松院の天井絵

小布施町にはもう一図有名な北斎のえがいた鳳凰図がある。ながいあいだ北斎の作品かどうか議論がつづいたが、どうやらかれの作品におちついた岩松院二十一畳敷き本堂の天井絵である。縦五四八センチ、横六三六センチという巨大な極彩色の図の迫力はあおぐ者を圧倒してすさまじい。上町の祭り屋台天井絵制作とおなじ年の弘化二年（一八四五）、北斎八十六歳の制作と推定されている。

この鳳凰図の制作事情をかたっているとおもわれる北斎の高井鴻山あての書簡が小布施にのこされている（定村忠士氏前掲論文参照）。

　鳳凰の図の件はたいへんおそくなり恐縮しております。
　彩色をくわしくしめせとおっしゃるならば、
　どうさの引かれた紙へこの図をお写しなされて、
　お返しください。その区切り区切りを一ヵ所ずつ彩色してさしあげます。（怒った両眼の図）それならばなぜこの下に彩色した念入りな絵をえがかないかとおっしゃるかも知れませんが、こちらにもいろいろ都合のわるい時とよい時とが……。アアままならぬ浮世と浮世絵（ひょうきんにおどけた自画像）でございます。

八月アアソレ九日

高井様　玉机下（すわったままで拝礼する像）　三浦や八右衛門

ハイ〳〵

鳳凰の下絵をとどけ、その遅延をわびた内容である。彩色の指示が必要ならば、この下絵をにじみをふせぐための陶砂《どうさ》の引かれた紙にうつして返してくれたら、区切りめごとに彩色をしてさしあげましょうといっている。それぞれにふさわしい挿絵をそえているところに洒脱な北斎の面目が躍如している。

この手紙のかかれた時期が問題になるが、定村氏は文面の簡略さから北斎の小布施滞在期間中のものと判断し、最後のすわって拝礼する像には弘化二年乙巳《きのとみ》の年をしめす巳の文字がかくされていると主張している（前掲論文）。この説をみとめて、岩松院天井絵の制作年代は弘化二年と決定してよいだろう。すでに東町の祭り屋台の鳳凰図を完成させていた北斎がさらに自信をもって制作指揮にあたった作品ということになる。

現在、小布施には岩松院天井絵の下絵が二種のこされている。一枚は北斎館が所蔵している一部をうすく彩色した墨絵であり、もう一枚は岩松院が所蔵している全面に極彩色をほどこしたものである。墨絵が北斎のはじめにおくった下絵であり、極彩色のほうがのちに彩色しておくりかえした下絵であろう。前者には縦と横にそれぞれ三本ずつの朱線がはいっていて、全体が一六面に区切られている。これは北斎の書簡にいうところの区切りにあたる。北斎のいう区切りは直接には返しの下絵にほどこされたものであるが、現在の極彩色の下絵は全面に彩色をほどこし、しかも余白を墨でぬりつぶしてあるために、はじめにあったであろう区切りの確認はできない。区切りははじめとそれを忠実にうつした返しと、二枚の下絵に共通してあったものとみることができる。

神社・仏閣の天井絵

神社と寺

　日本の古来からの神道系統の信仰の基礎にはシャーマニズムがある。シャーマニズムは神と人間の仲介をするシャーマンに注目した名称である。神は他界にあって人間の祈りにこたえてこの世に出現する。そのときに神のよりつく依代《よりしろ》が祭りの場になる。

　依代はもともとはそれ自体が神とみなされて信仰の対象になった自然物であったが、神がうごきまわるとかんがえられるようになって、臨時に神のやどる依代になる。この依代は自然物と人工物におおきく二分される。たとえばつぎのようにである。

自然物

樹木　岩石　山　水　人間（ヨリマシ・ヒトツモノ・巫女・童など）　動物　神籬《ひもろぎ》

人工物
御幣《ごへい》　旗　幟《のぼり》　柱　棒　天道花《てんとうばな》　ウレツキ塔婆《とうば》　オハケ　山鉾《やまぼこ》　鏡　神像　人形

この両者の関係は、自然物がもとになって、そのミニチュアまたは疑似の自然物として人工物がつくりだされた。樹木がもとになって、柱・棒・天道花・御幣・旗・幟などがうみだされ、山がもとになって山車《だし》がつくられ、人間がもとになって神像や人形がつくりだされる。

神社もまた人工の依代である。神が人間の形をした人格神とかんがえられるようになったときに、神の他界での居住場所も人間の住居とおなじように想像されて、神社がつくられる。そして神社の天井には他界での神の居場所をあらわして、雲や天人がえがかれる。祭りの屋台は移動する神の乗り物であるが、神社に見立てられて、神社のミニチュアとしてつくられ、その天井にも神社の天井とおなじような他界を表現する象徴的な模様や絵でかざられる。神社は神の居住場所であるが、常時に神がそこにとどまるわけではなく、人の祈りに応じて神はそのつど他界から出現する。

それにたいし、寺は仏の常住する場所である。他界の神をまねくシャーマニズムの信仰にもとづく神社と人間の身体の内にやどる仏性《ぶっしょう》を開発しようとする仏教の教義の根本的な相違がそこにある。仏像として表現される仏のいますところがそのままに浄土や極楽になるために寺の本堂の天井にもそれにふさわしい絵がえがかれる。

神社と寺と、その信仰や教義は異なるが、神や仏の居場所を他界や浄土とみなしてそれにふさわしい絵でその周辺や天井が荘厳《しょうごん》されることは両者に共通している。小布施町の屋台や岩松院の天井絵はそのような信仰にもとづいて作成されている。

太極図と竜・鳳凰

日本の神社や寺院で、天井絵や欄間《らんま》彫刻としてもっとも普遍的にみられる図柄は、神社では雲・天人であり、寺院では蓮華《れんげ》や飛天《ひてん》とよばれる空中をまう天人・天女である。竜や鳳凰はそれらにくらべると例はすくなくなるがまったくみられないわけではない。京都大徳寺金毛閣の天井をはう長谷川等伯筆の竜図は有名であり、広島の厳島神社の十五世紀初頭の建築である五重塔の欄間には華麗に鳳凰がまっている。竜や鳳凰はほかの寺や神社でもみることができる。

問題は太極図をモチーフとした竜と鳳凰のくみあわせである。寡聞《かぶん》にして近世末期の北斎の迫力にみちた作品に出あうまで、わたしは日本ではその存在を知らない。かれは独自に発想したのか、なんらかのよるべき手本があったのか。

韓国の太極図

平成十一年（一九九九）の三月十二日。この日、午前十時半から韓国全羅北道全州市の国立全北大学で開催された東アジア・シャーマニズム比較研究会に講師としてまねかれ、その開会式に出席したわたしは、午後の自分の発表までのわずかな時間を利用して、この市の郊外、全北大学の後手にあたる李成桂の墓所をおとずれた。

王墓と国旗

李成桂は李氏朝鮮、いわゆる李朝の初代国王である。一三九二年に高麗《こうらい》王朝をほろぼして建国、在位は七年とみじかかったが、国号を朝鮮と名づけ、都をいまのソウルにさだめ、儒教を国教に採用するなど、政治体制の確立につとめた。かれのつくりあげた李朝は一九一〇年まで五二〇年間つづいた、東アジアでは類をみない長期の王朝であった。全州の出身で、死後、その遺体は故郷の墓にほうむられた。王家代々の墓として守護の役所をもうけてたいせつにまもられ、十九世紀末の光武帝の時代には墓域は一〇〇〇カ〈エー〉《カー》にまで拡大された。

わたしがおとずれたとき、あいにく開園日ではなかったので門はとざされていたが、あいた扉のすきまから、なだらかな丘陵地にひろがった広大な墓地をのぞむことができた。わたしの興味をひいたのは、とざされた三つの門のそれぞれ中央にえがかれた三つの太極図であった。中央の正門の図は朱・濃紺・青の色の三つ巴であり、左右の二つは朱色と濃紺色の二つ巴であった。

よく知られているように韓国の国旗は二つ巴の太極旗である。一八八二年、明治十五年に日本へ修信使として派遣された朴泳孝が来日の途中で創案し、翌八三年に国旗として公布されたものという。一九四八年に大韓民国が建国されるとすぐに国旗として継承することが承認され、こまかな様式も決定された。

中国古代の『太極図説』や『周易《しゅうえき》』などによって、中央の円は太極、そのなかの二つ巴の赤と青は、陽と陰の二気をあらわし、それをとりかこむ四方の黒い卦《け》は左上・左下・

右上・右下の順に乾《けん》・坤《こん》・離《り》・坎《かん》にあたり、天・地・日・月を象徴し、万物の発展生成の原理をあらわすという。

このようにみると全州市の李朝王家の墓所の門にあざやかにしるされた二つ巴紋は韓国の国旗であるとみて問題はないが、中央の三つ巴紋はそのバリエーションとかんがえてよいのだろうか。わたしの案内をしてくれた韓国の研究者はそのように説明してくれたが。

母岳山金山寺

翌十三日。午前中、全州市郊外の母岳山の全域にひろがる金山寺を見学した。金山寺は韓国の弥勒《みろく》信仰の一大拠点地として知られる。

弥勒は「慈愛のある」という意味のサンスクリット語マトレーヤの音をうつしたもので、漢語訳では「慈氏」とあてられる。釈迦の入滅後に出現して衆生を救済するといわれる仏であり、兜率天《とそつてん》にすんでいる。兜率天は釈迦入滅後に出現する未来仏が地上に出現するまでのあいだ常住する場所である。釈迦入滅後五六億七〇〇〇万年たったのちに弥勒は地上にくだるが、それを待つまえに弥勒の浄土である兜率天に往生することをねがうのが弥勒上生《じょうしょう》の信仰であり、弥勒がこの世にあらわれて華林園の竜華樹《りゅうげじゅ》のもとでおこなう説法によって救済されようとねがうのが弥勒下生《げしょう》の信仰である。中国、朝鮮、日本などへつたわった弥勒信仰は後者の下生の信仰が主であり、一種のメシア（救世主）・世直しの仏としてひろくふかく民衆に浸透した。

金山寺の創建は百済《くだら》の法王元年（五九九）のこととされている。そののち新羅《しらぎ》の恵恭王の二年（七六六）に大伽藍が建立され、高麗時代には八八の堂塔があったといわれている。そののち戦火にあって往時の面影をうしなったが、しだいに復興がすすめられ、現在も韓国屈指の名刹《めいさつ》の一つにかぞえられている。

早朝の境内にはわたしたちのほかに観光客もなく、清澄な空気のなかに朝の陽光をあびる堂塔の雰囲気は日本の大寺よりも全体として華麗である。

仁王門をくぐった広場の真正面にひろがる大寂光殿は日本でいう金堂、つまり本堂である。わきの門からなかにはいると、正面には釈迦、両側には脇侍《きょうじ》の二菩薩がゆったりと安座している。わたしがひどくよろこんだのは、予想したとおりに、その脇侍の二菩薩の頭上の天蓋にまるくえがかれた一羽の鳳凰と一匹の竜の姿を発見したときであった。ここに北斎の鳳凰と竜の一つの源流がある。

韓国の寺や寺院の天井の棟木《むなぎ》や垂木《たるき》にはふつうに竜や鳳凰の彫刻や模様をみることができる。四神相応の思想にしたがってこの二神と玄武《げんぶ》、白虎《びゃっこ》を四方に配置したものである。また仏や神の頭上にはしばしば竜と鳳凰の姿がえがかれている。ただそれらはまるく図案化されてはいるが、北斎のようにみごとな巴紋を形成するまでにはいたっていない。太極図の信仰をたいせつにそだて国旗にまで採用しながら、竜と鳳凰に太極図のモチーフを結合させなかったところには、日本と朝鮮半島の信仰事情の相違がみとめられる。

北斎の天井絵の由来を真にきわめつくすために、わたしたちは太極と竜・鳳凰を生んだ故郷中国大陸へ探査の手をのばさなければならない。

中国湖南省の農村の祭り

中国の儺祭

中国の農村の典型的な祭りと神社について検討してみよう。一九九八年九月六日（月曜日）。ベトナムでの民俗調査をおえたのち、二日まえから中国の湖南省の沅陵県にはいって国際儺戯《なぎ》学術研討会に参加していたわたしは、この日、早朝六時に宿泊のホテルをほかの研究者たちとともにバス三台に分乗して出発した。車で二時間ほどはなれた麻伊伏《まいふく》区七甲坪《しちこうへい》という農村で、土地の漢民族・土家族《トウチヤぞく》がいりまじる巫師《ふし》と農民の演じる祭りを見学するためであった。

祭りは村の名家金氏の祖先をまつる祀堂を会場に、巫師が主導し、一般農民も参加しておこなわれた。この種の農村の祭りは神と村人が敬虔に交流する場であるとともに、農民の娯楽のための芸能大会でもある。今回の祭りは定期の村祭りではなく、学会参加者のためにわざわざ開催したものであったために、ことに娯楽的な演目が多くえらばれていた。参考のためにこの日の演目をかんたんに紹介しておく。

一　巫技

1　刀梯舞《とうていぶ》　刀の刃をうえにしてはめこんだ梯子《はしご》を巫師がはだしでのぼってみせる。

2　上刀樹　刀の刃のうえられた柱を巫師が手と足をつかってのぼりおりする。

3　踏火槽　いっぱいに真っ赤な炭火のはいった長方形の火桶を巫師がはだしの足でふむ。

4　転刺床《てんししょう》　とげのあるイラクサをいっぱいにもりあげたうえを巫師がはだかでころげまわる。

5　踏犂刃《とうれいじん》　長い鋤《すき》の刃を真っ赤に焼いて、ならべたうえをはだしであるいたり口にくわえたりする。

この五種は巫師の超能力を誇示するための演目で、おなじものをわたしは貴州省や広西チワン族自治区でみたことがある。

二　法事

中国湖南省の農村の祭り

1　請　神　　神々を祭壇にむかえる儀礼。
2　迎《げい》鑾《らん》接《せつ》駕《が》　祭壇にむかえた神々を巫師がもてなす。
3　開　洞　　桃源地方の三つの洞窟をひらいて神仙を登場させる。
4　判官勾《こう》願《がん》　神迎えの儀礼が終了し裁きの神が願いをきく。
5　立　標　　ながい柱のうえの水神の二郎神の人形を祭場内にたてる。
6　繞《にょう》壇《だん》・倒標　巫師が二郎神をたかくかかげて場内をめぐったのちに二郎神を退場させる。

法事は神々をまねいてもてなし、種々の祈願をこめたのち送りかえす儀礼である。祭りの祭祀部分を代表する儀礼種目をならべている。

三　儺戯
1　三媽《ぼ》土地　土地の神と三人の婦人のからみ。
2　仙姫送子　雷神が仙女を介して女に子供をさずける。
3　八郎売豚　八郎のユーモラスな豚肉あきない。
4　柳毅伝書　竜女と人間の若者の恋。
5　孟《もう》姜《きょう》女《じょ》下池　水浴びの美女とのぞき見た若者の恋。

もっとも娯楽的な要素の多い種目をならべる。1と2は神話にもとづく劇であり、3は世俗劇、4と5は伝説に取材した劇である。いずれも筋、演技ともに固定化しており、ほかの場所でもおなじ演目をみることができるものである。

通常の祭礼では二の法事が全体の枠ぐみになってそのなかに一と二の演目がくみこまれるのであるが、このときは、研究のために演目をおおきく三種に大別してわかりやすくみ

中国の道教系民間祭祀の幟「鳳凰」「太極」「竜」（湖南省）

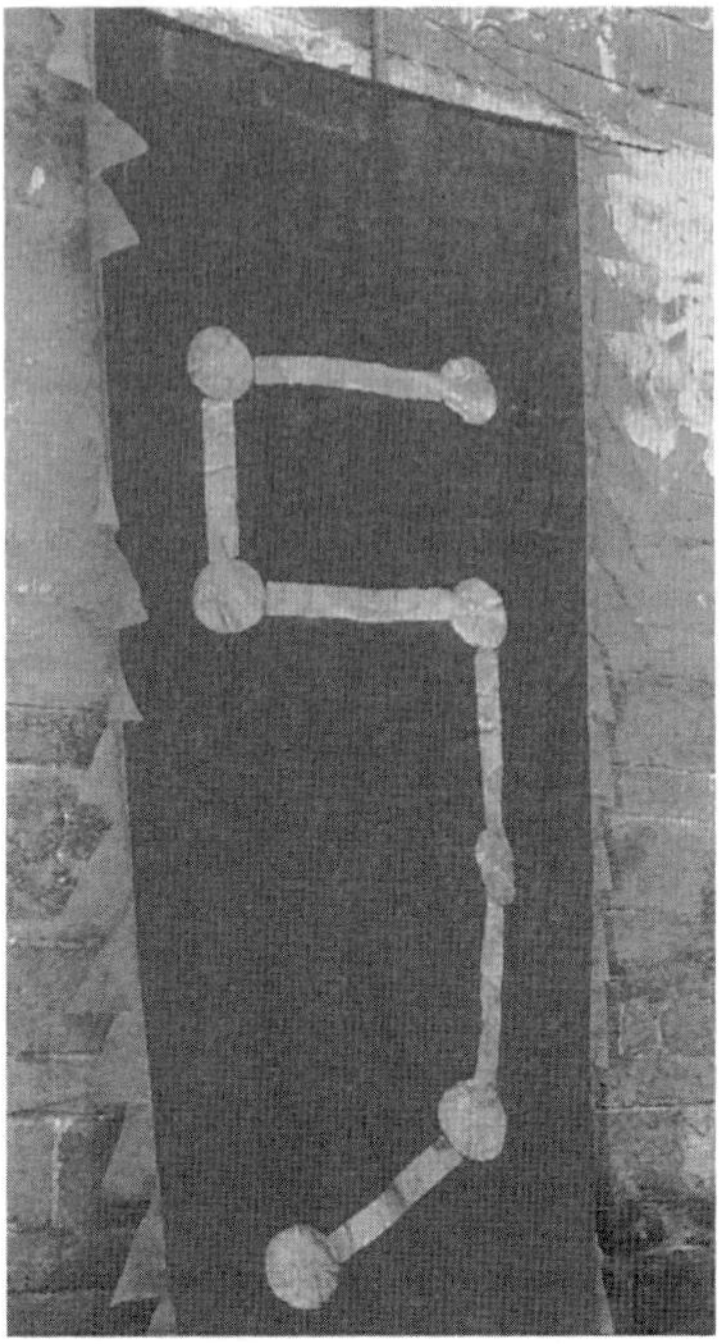

中国の道教系民間祭祀の幟「北斗七星」（湖南省）

せてくれた。

太極図と北斗七星

この祭りでわたしの関心をひいたのは祭りの演目そのものよりも、むしろ祭場の両側にたてられていた旗であった。

この種の地方豪族の祖先祭祀の祭場は周囲を頑丈なレンガの壁でかこみ、門をはいるとすぐ屋根付きのたかい脚柱のうえの舞台があり、広場をへだてて一段たかい石壇になっている。この石壇が祭壇である。祭壇と舞台は広場をはさんでむかいあうかたちになる。芸能は祖先の霊や神々に見せるものという意識がそこにはたらいている。

今回の祭りは舞台ではなく祭壇と広場をつかっておこなわれた。その祭壇の両側に白の布地に赤い縁取りの三角旗と赤の布地に黄色の縁取りの長方形の旗が片方に二本ずつ、両方で計八流《りゅう》たてられている。三角旗の模様は竜と鳳凰、長方旗は二つ巴の太極図と北斗七星である。この四つの模様はこの湖南省の祭りにかぎられない中国の民間祭祀の定紋ともいえるものなのである。

この祭りの出演者は、配付された刷り物によると、

土家族の儺壇芸人　土家族の農民　漢民族の儺壇芸人　漢民族の農民

の四種類の人びとから構成されていた。このうち、儺壇芸人といわれる人たちは専門の巫師である。民間のシャーマンであるが、祭神からもあきらかなように、かれらの信仰の根本には道教がある。もちろん道教だけではなく儒教や仏教もとりこまれているが、中国の庶民信仰の根底は道教によって構成されている。わたしが一〇年来調査してまわった長江流域を中心とした中国各地の庶民信仰は例外なくそのことがいえる。竜と鳳凰と太極と北斗七星はその道教の信仰を象徴する聖なる存在なのである。

中国湖南省の農村の神社

桃源郷

典型的な中国の農村の神社をおとずれてみよう。前節の祭り見学から三日たった九月九日（水曜日）。わたしたちはおなじ湖南省の桃花県に移動して桃花源公園を遊覧したのちに土地のふるい神社の水府閣を見学した。

桃花源公園は五世紀はじめの東晋の文人陶淵明《とうえんめい》の名文「桃花源記《とうかげんき》」にかかれて有名な場所である。日本人にはユートピアを意味する桃源郷の名で知られている。わたしたちがおとずれたときは桃の花の季節ではなかったので、淵明の風情にはとぼしかったが、渓流、滝、池、洞窟など、いわれのある古跡がおおく、省政府は観光の場所としてうりだしに懸命であった。

水府閣は沅水《げんすい》にのぞんでたつ四層の高楼である。瀟湘《しょうしょう》八景の一つ「漁村の夕照」として知られる景勝地で、この楼上から夕日をみると、空の夕日と、入江でわかれる二本の川の流れにうつる二つの夕日と、全部で三つの夕陽をみることができることから三陽閣ともよばれる。明代、万暦年間建設の名廟《めいびょう》である。道教の道士、黄洞源・黄道真の二人がここで道を聞いたところからまたの名を黄聞閣ともいい、はじめ三層であったが、一九六〇年代に一度戦禍にあって破壊されたのち、改修をくわえて四層にしたという。

われわれのおとずれた時間がおそかったために公開されていたのは第二層までであったが、各層には正面に祭壇があって一層には観音大士、二層には財神がまつられている。観音大士は仏教の観音菩薩が道教にとりこまれた名称であり、財神は金儲けの神、福の神である。関羽《かんう》、土地の神、陶朱公などさまざまな神があてられるが、もっとも有名なのは関羽である。ここにまつられる神がそのどれであるか、薄暮のなかに一見しただけでは判断がつかない。ながい顎《あご》ひげとあから顔などから文武にわけられる財神のなかの武財神、それも関羽の可能性がたかいかとおもった。

この種の神社や仏閣にはいるとわたしはかならず欄間《らんま》や天井に注意をはらう。そこにはその宗教にかさねあわされた古層の信仰を知る手がかりになる彫刻や飾りがみられるばあ

中国湖南省桃花県水府閣二階天井の「双竜」図

中国湖南省桃花県桃花源の廟（神社）の天井の「竜・鳳凰」

いが多いからである。この水府閣の一階の広場の天井には五匹の竜の模様が、二階には二匹の竜の模様がまるくえがかれていた。五匹の竜はまるく輪をなした中央の一匹の竜をとりかこんで、その周辺をやはりまるく四匹の竜がとりかこむ図柄であり、二階の竜の図柄は中央の玉をとりかこんで、その玉をあらそってにらみあう二匹の竜がまるく配置されている。しかも、中央の蛇また玉をとりかこんで、不完全ながら巴紋または渦のかたちに構図しようとする意図がみてとれる。

三層以上の天井をみることができなかったのは心のこりであった。そのためか、水府閣では鳳凰の姿はみいだせなかったが、その日の夜、やはり儺戯《なぎ》が演じられた、隣接する廟の天井の中央には竜とむかいあってまるく羽をのばしたみごとな鳳凰の姿があった。この廟はそうふるいものではないとのことであったが、中国では信仰にかかわりのある場所の天井をまるい竜や鳳凰の模様でかざることが一般的であるということはいえる。

中国ではなぜ神社や仏閣の天井にまるい模様の図柄を配置するのか。

中国の天蓋と天井の飾り

一九八八年の三月から五月にかけての四〇日間、わたしは中国のふるい舞台の遺構を調査してまわったことがある。わたしの中国調査の初体験である。そのときの調査結果は「日中舞台の類同性」という論文にまとめて『日中比較芸能史』（一九九四年、吉川弘文館）におさめている。そのなかから、この節に関係のあることだけをとりだしてみよう。

中国の民間舞台では天井の中央に天蓋《てんがい》とよばれるかざりがかならずといってよいほどにみられる。日本の民俗芸能にちなんで天蓋と名づけたのはわたしであって、中国の研究者は藻井《そうせい》とよんでいる。天蓋はほとんどが円形であってほかに八角形や四角形も数はすくないがみられる。

この天蓋の由来の一つはインドの蓮華《れんげ》化生《けしょう》の思想であろう。

古代インドの大叙事詩「マハーバーラタ」によると、天地がひらかれたとき、根本神であるヴィシュヌー神のへそから蓮華が生じ、その花のなかにブラフマン（梵天）が生まれて万物を創出した。この蓮華化生の観念は仏教にもとりいれられ、仏の威力はその頭上におおわれた大蓮華に象徴され、さらにそこから無数の蓮華が生じて仏の徳は広大無辺にひろがるとする思想を生んだ。

仏教のほうで天蓋とよばれるものは、この蓮華化生の思想と、インドの貴族が外出するときに頭上にかざした傘の習俗のあわされたもので、形としては箱形天蓋と華形《はながた》天蓋の二種類を生んだ。中国の舞台の天井には四角形の天蓋も存在し、一方の源流をこの仏教の天

中国の神社の祭神頭上にみられる「太極」図（福建省）

蓋にもとめることができる。

天蓋のもう一つの重要な由来はシャーマニズムの思想である。

よく知られているように、中央および北方のアジアのシャーマニズムでは、宇宙は天上・地上・地下の三つの層から構成されるとみなされており、その三層の中心をつらぬいて、天柱、宇宙樹、宇宙山などが存在する。しかも、天空は球形をしているとかんがえられ、これらのシャーマニズムの信仰がゆきわたっているところでは、神社、宮殿、そして人家や移動の天幕なども、

台湾栗林県の廟（神社）の天井の「竜・鳳凰」図

台湾栗林県の廟（神社）の天井の竜と「鳳凰」図

台湾栗林県の廟（神社）の天井の棟木の「双竜・太極」図

台湾栗林県の廟（神社）の天井の「鳳凰」図

台湾栗林県の廟（神社）の天井の「竜」図

この宇宙像を投影した円形の小宇宙として構成される。中国の民間の舞台にみられる天蓋のもう一つの源流はこのシャーマニズムの天空観にもとめられる。

中国の神社や寺院、道教の道観などの天井にみられる円形の飾りは以上の二つに由来するものとみてよいが、その模様に太極や竜、鳳凰などがあらわれるのは、これらのイコンにたいする中国特有の信仰にもとづく。その信仰は朝鮮半島や日本にもおよんでいる。

台湾栗林県の廟（神社）の屋根の竜と鳳凰の飾り

　ただここで注意しておきたいことがある。道教信仰の発祥の地である中国では、祭りの場、とくに神仏の頭上を円形の太極図でかざる習俗が普遍的であり、その習俗に影響されて竜や鳳凰も円形に、多くのばあいは巴紋に構成される。ところが太極や竜、鳳凰の信仰をとりいれていながら、なぜか朝鮮半島は天井の円形飾りの全体を巴紋に構成しようという意思は希薄である。また日本は太極への信仰は普及せず、竜と鳳凰の信仰だけをとりいれたためか、当然、両者を円形に造型しようとする意図はみとめられない。そのような事情のなかで、きれいな巴紋として竜や鳳凰、さらに波までをえがいた北斎は直接に中国にまなんだとかんがえられるのであるが、どのような経路でかれはその知識を獲得したのか。

これらの問題を解決するために、これまでも本書の各章にちらちらと姿をみせていた道教についていよいよ根本的な検討をくわえるときがきた。

朝鮮・日本の道教受容

道教とはなにか

道教の成立

道教は古代中国の民間信仰を基盤に、不老長生、現世利益の二つを主たる目的として自然発生的に生まれた宗教である。儒教、仏教とならぶ中国の三大宗教の一つである。

道教とは道を説く教えの意味であり、中国では、はじめ、人間の生き方の指針としてなんらかの道を奉じる教えはすべて道教とよんでいた時代がある。儒教や仏教も道教とよばれていたが、現在のように特定の宗教を道教とよび、儒教や仏教と区別する用法が一般化するのは五世紀にまでくだる。

しかし、道教の宗教活動は二世紀ごろの五斗米道《ごとべいどう》や太平道にはじまっている。五斗米道は張陵がいまの四川省の蜀の地方ではじめた原始宗教で、入信者に五斗の米（脱穀した穀物の総称）を奉納させたところからこの名がある。のちにこの一派は天師道とよばれる強大な道教流派を形成する。この五斗米道とならんで道教の源流になったのが太平道である。いまの山東省の斉の地方で干吉《かんきつ》を開祖とし、のちに張角によって組織だてられた流派で、「太平教」を重要な経典としてうけついだのでこの名がある。道教はこのような教団を組織して教義や理論にしたがって活動する「教団道教」（成立道教ともよばれる）と農民や民衆のなかにはいりこんでかれらの生活に有形・無形の規制をあたえている通俗的な「民衆道教」とにわけることができる。

道教の特色

道教の特色はその貪婪《どんらん》きわまりない咀嚼《そしゃく》力にある。あらゆる民衆の民俗信仰や、仏教、儒教などの体系的宗教をもとりこんで複雑きわまりない神々の組織をつくりあげてゆく。

はじめ道教は気のようなものを信じていて、具体的な神は存在しなかったが、二世紀に中国に仏教がはいってくると、その影響をうけて道教でも神が生みだされ、民間信仰のさまざまな神々がとりこまれて、その数は無秩序といってよいほどにふえてゆく。その神々には、一方では教団道教のがわからつねに理論的な整理がくわえられて中心となる神々が設定され、初期には老子を神格化した太上老君、六世紀ごろには宇宙の道を神格化した太上道君や元始天尊、十三世紀ごろからは黄帝の変身である玉皇大帝などが礼拝の中心にすえられるが、その他方、民間の道教系の祭祀には、自然神、動植物神、人格神、疫病神、災厄神などあらゆる種類の神々が登場してくる。その数は現在では五〇〇をこえる（蜂屋邦夫『中国の道教　本文冊』の神名索引、一九九五年、汲古書院）。

朝鮮半島の道教

朝鮮の道教受容

道教は朝鮮半島にもつたわった。しかも庶民信仰としての通俗道教だけではなく教義体系をそなえた教団道教も伝来していた。『三国史記』や『三国遺事』などの古代朝鮮についてしるした歴史書にかなりひんぱんと道教にかかわる記事があらわれている。高句麗《こうくり》には七世紀前半には五斗米道がつたわって国民に信仰され、栄留王や宝蔵王がわざわざ唐に使いをおくって道教をもとめたという記載があり、また百済《くだら》には方術遁甲《とんこう》の法などの仙人の秘術が知られていた。

七世紀後半の統一新羅《しらぎ》の時代には仙桃聖母神社がたてられた。これは中国の不老不死の神仙の西王母《せいおうぼ》の信仰が輸入されたものであり、十世紀以降の高麗時代には朝鮮で最初の道教寺院（道観）である福源観がたてられた。また道教の祭祀が国家行事に採用されて、玉皇、老人星、五福太一《たいいつ》などの神々がまつられた。燃灯会《ねんとうえ》とならぶ高麗の二大祭礼の八関会《はちかんえ》は本来は仏教に八戒をさずける仏教の儀式であったが、天霊・名山・大川・竜神などをまつる道教信仰がとりいれられた（『朝鮮を知る事典』一九八六年、平凡社）。

こうした朝鮮道教の隆盛も儒教を国教に採用した李氏朝鮮時代をむかえておわりをつげる。

道教が不老不死という個人的な欲望を追求する宗教であるのにたいし、儒教は個人と他人との調和をかんがえようとする宗教である。その意味では儒教は支配者の奉じる信仰という性格がつよく、個人の欲望の充足をたいせつにする道教とはきびしく対立する面をもつ。

儒教の基本的な考え方は「修己治人」、つまり自分をおさめたのちに人をおさめることにある。自分をおさめた人を君子といい、君子はまた人をおさめる治者をも意味した。この君子のなかの最高の人格者が聖人であり、聖人が王者としてこの世をおさめたときに理想的な政治がおこなわれ、ユートピアが実現する。

道教の潜在化

儒教の理想人格が聖人だとすれば道教の理想人格は仙人である。この両者を比較すれば儒教と道教の違いもいっそうはっきりする。

仙人は神仙といい、もともとは僊人《せんにん》とるした。僊はかろやかにまいあがることであり、修行をつんで天空を飛行することのできる人が僊人であった。古代の山岳信仰とむすびついて、かれらは山にすむとかんがえられたところから仙人と表記されるようになった。

仙人は道教が究極の目的とする不老不死を得た人たちであり、そのための方法としてつぎのようなさまざまな術が考案された。

煉丹術　黄金をつくりそれを服用する
仙薬術　薬物を服用する
行気《こうき》・導引《どういん》術　摂取した呼気を体内にめぐらせる
房中《ぼうちゅう》術　男女の性行為をただしくおこなう
存思《ぞんし》術　神々を瞑想する

仙人は、①自分の欲望に忠実である、②他人にかかわらない、③不可思議な術をつかう、④俗世界をはなれて山中に生きようとする、⑤このんで怪力乱神とまじわる、などの諸点で儒教の君子や聖人と対照的である。儒教の側から道教にたいするきびしい批判がでたのも当然であった。

朝鮮半島が李朝の時代をむかえて、国家行事から道教を追放したことは以上の説明から納得がゆくとおもう。それよりのち、道教は庶民の信仰のなかに潜在して生きのびることになった。

前章の「太極図と竜・鳳凰」「母岳山金山寺」などでのべたように、いまも儒教思想が社会に浸透している韓国の太極や竜・鳳凰は、道教の聖なる図像としてうけつがれたのではなく、儒教の朱子学や中国に普遍的な四神思想とのかかわりのなかでうけいれられた。その事実が、中国の民間信仰にはふつうにみることのできる竜・鳳凰と太極の合体をさまたげたのかもしれない。

日本の道教

日本古代の道教

朝鮮半島やベトナムまでは到達した道教が、一つのまとまった宗教として、海をわたって日本にはいったことはないといわれている。たしかに、古代の『古事記』や『日本書紀』、『万葉集』などのなかにすでに道教の影響をみとめることができるが、やや局所的である。たとえば日本人になじみのふかい天皇《てんのう》ということばは、『日本書紀』や『万葉集』に「すめろき」「すめらみこと」などのよみ方であらわれている。これが道教に由来することばであることは福永光司氏の指摘がある（『道教と日本文化』）。天皇ということばは、はやく紀元前一世紀ごろの成立の『史記』に天皇・地皇・泰皇の三皇の一つとしてあらわれ、天を支配する最高神とみなされていた。この思想は道教にとりいれられ、北斗七星のカギの中央に位置する星が天皇大帝《てんこう》とよばれ、天空のたかい位の神とかんがえられた。

七世紀の後半に天皇の地位にあった天武天皇はその治世の十三年（六八四）にあらたな身分秩序を確立するために臣下の姓を八種にわけた八色《やくさ》の姓《かばね》を制定した。

1　真人《まひと》　2　朝臣《あそん》　3　宿禰《すくね》　4　忌寸《いみき》　5　道師《みちのし》　6　臣《おみ》　7　連《むらじ》
8　稲置《いなぎ》

このうち、最高位の真人と五位の道師は道教にもとづく語である。

もともと真人ということばは儒教の経典にはあらわれず、『荘子』にはじめてあらわれる。そこでは道の本質を体得した者という意味でもちいられていたが、さらにそれをうけた道教の経典では神仙を意味するようになる。神仙を神とあおぐ道教では最高位の存在とかんがえられ、神仙思想にふかくあこがれた秦の始皇帝は自称に真人をもちい、朕とはいわなかったといわれている。そののち道教の教義が整備されてゆくと、真人は道教の神々の位の一種とかんがえられるようになり、天をおさめる神人にたいし、地をおさめる代表という観念も生まれた。

道師は道教が理想とする道をおさめた人という意味である。ふつうには道士という字があてられるが、道師もおなじ内容をしめしている。

天皇と道教

天武天皇は道教を信仰していた。そのことを知っていた当時の朝廷人は天皇がなくなったのち、天渟中原《あめのぬなはら》瀛真人《おきのまひと》という名をおくった。瀛洲《えいしゅう》は神仙がすむとかんがえられている三つの神山の一つである。したがって天武天皇の死後のおくり名は道教の神仙のすむ神山の瀛洲で神としてくらす人ということになる。天武もこのおくり名にはさぞかし満足したことであろう。

天皇家の宝物である三種の神器《じんぎ》は天孫の降臨のさいにアマテラスがホノニニギノミコトにあたえたものとされる。鏡・剣・玉の三つであるが、玉はのちにくわわったもので、はじめは鏡と剣の二種であった。この二種ともにもともとは道教の祭りの宝器であり、それが宮中の祭りにとりいれられたのであった。

天皇の宮廷の門を紫門といい、最上位の官吏は紫色の服をきるなど、日本の官制で紫色を尊重するのも道教の影響である。北極星を中心とした天空の領域を紫微宮《しびきゅう》というように、混合色の紫を重視する道教にたいし、儒教では『論語』の「陽貨篇」に「紫の朱《あけ》を奪うを憎む」とあるように、紫をしりぞけて原色の朱をおもんじた。

天皇の長寿を祈願する『延喜式』の祝詞《のりと》のなかに道教の寿命の神である東王父と西王母

があらわれる。日本の古代文芸には『万葉集』『竹取物語』『浦島子伝』など神仙思想がテーマになった作品がある。考古学の遺物も注目される。七世紀から八世紀にかけての藤原京の出土品に、道教系の呪文をしるした木簡や人形がある。日本の古代に中国道教の影響があったことは確実であるが、全体としては体系的な摂取とはいいがたいし、道教の影響かどうか判断にくるしむばあいも多い。

平安時代の末期に成立した宗教の修験道《しゅげんどう》は、日本古来の山岳信仰の基盤のうえに、仏教の密教と道教が結合して誕生した。道教の影響の跡を比較的顕著にたどれる例である。

修験と道教

修験道は山岳信仰が基盤になっている。その開祖といわれる奈良時代の役《えんの》小角《おづの》は山岳修行者であったし、平安時代以降の修験道の実践者たちは山伏とよばれるように、修行の場所を山中にもとめ、山にはいって即身成仏することを理想とした。この修験道の根本教義に道教との一致がある。さらに養生術として穀物を断ち、独自の仙薬をもちい、「急々如律令《きゅうきゅうにょりつりょう》」(すみやかにこの呪文のとおりになれ)に代表される各種の呪文の文句が一致するなど、随所に道教の摂取の跡がみとめられる。

三教一致説

中国の五世紀から六世紀にかけての南北朝時代に生まれた三教一致説は、道教、儒教、仏教の三教が根本で一致すると説く習合思想である。この説の影響は日本にもおよんで、延暦十六年（七九七）に成立した空海の『三教指帰《さんごうしいき》』には三教のそれぞれの代表者が登場して議論をたたかわし、最終的に仏教の優秀性を宣言している。

　中世の能にも道教の影響がみられる。能には中国の古典に取材した唐事物《とうじもの》とよばれる一群の作品があるが、それらには道教思想がゆきわたっている。『西王母《せいおうぼ》』『東方朔』『鶴亀』『皇帝』『菊慈童《きくじどう》』『枕慈童《まくらじどう》』『芭蕉』などの作品である。また近世にはいっても三教一致説はおこなわれていて、禅僧や国学者のなかにこの問題を論じる人たちがあらわれた。宝暦七年（一七五七）に刊行された小説『聖遊廓《ひじりのゆうかく》』は孔子・老子・釈迦の三人がそれぞれ大道太夫・大空太夫・仮世《かりのよ》太夫《たゆう》を相方として遊廓にあそぶという趣向であった。

北斎の挿絵

浮世絵師の北斎はまた、黄表紙《きびょうし》、談義本、洒落本《しゃれぼん》、咄本《はなしぼん》、狂歌、絵本、摺物《すりもの》など、近世文芸のさまざまな分野での挿絵作者としても活躍していた。

読本挿絵絵師としての北斎

さらに、文化元年（一八〇四）、四十五歳の北斎は曲亭馬琴《きょくていばきん》の読本《よみほん》『小説比翼文《しょうせつひよくもん》』の挿絵を執筆した。これがかれの読本挿絵のはじめであり、以後四〇種の読本の挿絵を執筆している。もっとも、前年の享和三年（一八〇三）に刊行された流霞窓広住《りゅうかそうひろずみ》作の読本『古今《ここん》奇譚《きたん》蜑捨草《あまのすてぐさ》』に「画狂人北斎画」と署名のある挿絵が六図みられるが、挿絵だけをのちにいれたかとうたがわれる形跡があるという（鈴木重三「北斎年譜」『在外秘宝　北斎』

一九七二年、学習研究社)。

全部で四〇種におよぶ北斎挿絵の読本を作者別に分類するとつぎのようになる。

曲亭馬琴　15
小枝　繁　6
柳亭種彦　4
芍薬亭長根　2
万亭叟馬　1
振鷺亭　2
梅暮里谷峨　1
談洲楼焉馬　2
六樹園飯盛　1
楽々庵桃英　1
橘崑崙茂世　1
南里亭其楽　1
鷦鷯《さざき》貞高（為永春水）　1

山田意斎　1

松亭中村源八郎保定　1

馬琴との関係がとくにふかく、ついで小枝繁、柳亭種彦などの作品に挿絵を多く執筆していた。

挿絵は作者や出版社が主導し、絵師はその注文にしたがう。したがって画題や構図の選択において、絵師は版画一枚絵や肉筆におけるほど自由ではなかった。しかし、挿絵をえがくことによってその画題の内容に習熟してゆくことはたしかである。挿絵をとおして絵師はあたらしい分野の教養や知識、情報を身につけることができる。

北斎の読本挿絵のなかで注目される画題は道教にかかわるものである。北斎のばあい、読本の挿絵によってはじめて道教に接触したとはかんがえられず、かれと道教との関係はもっとはやく、寛政八年（一七九六）、三十七歳で、妙見信仰に由来する北斎という画号を採用したときにはすでに道教の知識を十分にもち、その知識は信仰にまでたかまっていたとみてよい。したがって北斎の読本挿絵から道教を主題とした図柄を選択し、その内容を検討しようとしているのは、北斎が道教という異国の宗教にどのような態度で接していたかを確認するためである。

『椿説弓張月』の挿絵

文化四年（一八〇七）正月、四十八歳の北斎は馬琴の読本『鎮西八郎為朝外伝　椿説弓張月《ちんせつゆみはりづき》』前編六冊の挿絵を担当した。『椿説弓張月』はそのち、文化五年に『後編』六冊と『続編』六冊、文化七年に『拾遺』五冊、文化八年に『残編』六冊と刊行され、全体として二八巻二九冊の大長編小説として完結し、北斎は全編にわたって挿絵をえがいている。

この『椿説弓張月』には二ページ見開きの挿絵が一三六図、一ページの挿絵が二七図、三ページにわたる挿絵が五図掲載されている。それらのなかにはあきらかに道教を主題とした挿絵が九図ある。つぎの各図である。

ア　後編巻一　球　陽福禄寿《きゆうようのふくろくじゆ》
イ　後編巻一　秦徐福《しんのじよふく》が故事
ウ　続編巻一　朦雲国師《もううんこくし》
エ　続編巻一　姑巴島《こはじま》に主従神仙《しゆじゆうしんせん》にあふ
オ　続編巻三　石櫃《せきひつ》を破つて朦雲出現す
カ　続編巻六　朦雲が幻術禍獣《わざわい》を致す
キ　残編巻一　巴麻島《はましま》に為朝仙童《ためともやまわらわ》に遇ふ

ク　残編巻一　桃源《とうげん》に神仙《しんせん》父子を賓《みちび》く

ケ　残編巻四　諸神の擁護によって朦雲頭《こうべ》を授《さずく》

アの福禄寿は七福神の一種として日本人にもなじみの神であるが、その原型は中国の道教が理想とする幸福、封禄、長寿の三つを神格化したものである。イの徐福は秦の始皇帝の道教信仰を実現するために東海の地に仙薬をもとめて日本に渡来したとつたえられる伝説の人物である。続編と残編で活躍する朦雲国師は旧虫山《きゆうちゆうざん》のみずち塚から出現した蛇に似た怪獣みずちの化身であり、道教系統の幻術をつかって源為朝の最大の敵として、かれのまえにたちはだかる妖僧である。かれは奇怪な禍獣を出現させて琉球の王を殺害してみずからいったんは王位につくが、為朝らによって退治される。そのときに為朝方に力をかすのが道教の神仙たちである。

琉球王の王女をたすけて朦雲とたたかった為朝は朦雲の妖術によってやぶれ、味方は離散するが、そのときに神仙の教示によって姑巴島《こはしま》にいたり、離散した味方にめぐりあうことができる。エである。また巴麻島にわたった為朝夫婦はそこで神仙の弟子の仙童にであい、前途の運命についての指示をうける。キ、クである。また、為朝の子舜天丸《すてまる》が神仙のおしえでつくった桃の矢が朦雲ののどぶえをつらぬき、朦雲は巨大なみずちの正体をあらわして首をとられる。ケである。

このようにみてくると、『椿説弓張月』の後半は道教内部での凶悪神と神仙の戦いを人間が代行しているような印象さえある小説である。もちろんそれは作者馬琴の構想であるが、その挿絵を担当したことによって北斎もまたそうした構想と思想に同化していったことは推定される。北斎の道教体験はこれに先んじており、その知識はあるいは馬琴さえもこえていた可能性がかんがえられる。挿絵の道教神仙の描写が迫力にとみ、その形象力が馬琴の文章をすら凌駕《りようが》しているのはそのためである。

いずれにしてもこれらの挿絵からはつぎのような傾向をひきだすことができる。

(1)　道教系の神々の霊力への賛美

(2)　道教系の妖術への恐怖

(3)　道教の神仙世界へのあこがれ

その他の道教挿絵　北斎は『椿説弓張月』以外にも数多くの作品で道教画をえがいていた。右の三点の傾向がほかの挿絵ではどうなっているか。はじめに道教主題の挿絵を列挙する（鈴木重三ほか編『北斎読本挿絵集成』一九七一年、美術出版社、参照）。

小枝繁『春宵奇譚　絵本璧落穂《たまのおちぼ》』文化三年

コ　前編巻五　紫花真人徳寿丸に一巻を授る

サ　真人物語の図

シ　後編巻五　義統《よしもと》功を全ふして白日昇天して仙となり給ふ

曲亭馬琴『苅萱後伝玉櫛笥《かるかやこうでんたまくしげ》』文化四年

ス　上巻　源性算術を自誇《じふ》して神僧《あやしきそう》に懲《こら》さる

曲亭馬琴『新編水滸画伝』文化四年

セ　巻一　竜虎山に張天師三たび洪大尉を試《ためす》　其一　其二

ソ　張天師鶴に乗りて東京《とうきん》に来る

タ　巻七　魯智深廃寺《やぶれでら》に悪僧悪道人を罵《ののしる》

チ　巻十四　晁蓋が夢に北斗の七星屋の棟に落《おつ》

ツ　一清道人晁蓋が門前を鬧《さわが》す

テ　巻三十八　宋江夢中に天女より三巻の仙書を授かる

ト　巻四十五　二仙山に戴宗李逵《りき》清《せい》道人の居を問《とう》図

ナ　巻四十六　羅真人が神通李逵を空中へ曳上る図

ニ　　公孫勝が道術高廉を空中より落さしむる図

六樹園飯盛『飛騨匠物語』文化六年

ヌ　巻一　僊人煉《せんにんくすりをねる》　薬の図

ネ　　魯般仙人匠《たくみ》の道の奥儀を墨縄につたへ故郷へかへしつかはす所

ノ　　蓬莱山《ほうらいさん》にて男女の仙人を罪に行ふ所

芍薬亭長根『双蝶蝶《ふたつちようちよう》白糸冊子』文化七年

ハ　一帙　　権平氷上山妙見の社にこもりて主人十次衛《じゆうじえ》が福《さいわい》を祈る

ヒ　　権平妙見の告《つげ》によりて主人のあやふきを救ふ

鷦鷯《ささき》貞高『絵本漢楚軍談』天保十四年

フ　初輯巻一　秦の徐福長生不老の仙丹を索《もと》むるとて蓬莱山へ出帆す

ヘ　　仙女西王母　唐土第一の高山崑崙《こんろん》の峰

セが二図あるので全体としては三〇図になる。四〇作におよぶ読本の挿絵のなかで、七作三〇図はけっして多いとはいえないが、その内容は興味ぶかい。

『椿説弓張月』の挿絵を検討してひきだした三つの傾向はコ以下の挿絵にもみとめることができる。つぎのようになる。

(1) 道教系の神々の霊力への賛美

　コ　ス　セ　ソ　チ　ツ　テ　ナ　ニ　ヌ　ネ　ハ　ヒ

(2) 道教系の妖術への恐怖

　タ　ノ

(3) 道教の神仙世界へのあこがれ

　サ　シ　ト　フ　ヘ

これまでもくりかえしたように読本の挿絵の主導権をもっていたのは作者であって絵師ではない。道教にたいして右の三点にまとめることができるような描写をしたのは、作者たちであって絵師はその指示にしたがったにすぎない。しかし、四〇編の読本を検討してとりだした三つの傾向は、作者にかぎられない当時の日本人の道教観の重要な部分を表現しており、北斎もまたそれにちかい道教観をもっていたであろうことは推定される。

北斎の道教画

北斎は読本《よみほん》の挿絵以外にも道教を主題にした作品をえがいていた。それらからは直接に北斎の道教観をうかがうことができる。その代表的な作品を肉筆と版画にわけて検討してみよう。

北斎の肉筆画

1　東方朔《とうぼうさく》と美人　画狂人北斎　津和野葛飾北斎美術館

東方朔は中国前漢の文人で武帝につかえた。西王母の桃をぬすんでたべて不老不死の仙人になったとつたえられる。

紀元前三世紀の前漢時代の劉向《りゅうこう》があらわしたといわれる中国の神仙伝記集『列仙伝』（中国の古典シリーズ4、一九七三年、平凡社）にはつぎのような話がつたえられている。

東方朔は平原の出身であった。数十年、手習い師匠をしていたが、武帝のときに政治上の策を説いて侍従に抜擢《ばってき》された。昭帝の代になると世の人はかれのことを聖人だというものもあれば凡人だというものもいた。ときに忠言もいえば冗談もいい、慎重にも軽率にもふるまうかれの真意を理解できる人はいなかった。

宣帝の初年、侍従の職をすてて姿をけした。のちに会稽《かいけい》に姿をあらわして薬をうってあるいていた。識者は東方朔こそ木星の精ではあるまいかといった。

2　寿老人と大黒　北斎改為一　所蔵不明

寿老人は寿命をつかさどる星として信仰された南極老人星が人格化された神で、長頭短身でながいあごひげをはやし、杖に寿命をしるした経巻をむすびつけ、鶴や鹿をともなってあらわれた。宋代以降、道士となり民間に出現したという伝説が生まれた。のちに福禄寿とよばれ、七福神の一つとして日本でも信仰される。

3　傘風子《さんぷうし》　北斎　小布施堂

水上を傘にのり風をきって疾走する仙人をえがいている。道をきわめた仙人は不老不死の術を身につけ、自在に空中を飛行することができるようになる。

4　富嶽と徐福　藤原祐則　北斎館

徐福は秦の始皇帝の時代の方士である。始皇帝の命令をうけて、数千人の童男童女をともなって海中の三神山へ不老不死の仙薬をさがしにでかけ成功しなかったという。日本の熊野に漂着したという伝承がある。北斎館所蔵の一図は唐人が富士山にむかってたつ構図であって、その人物を徐福と決定するには困難があるが、べつに徐福のかたわらに仙薬をいれた壺のおいてある図（八十六叟卍筆、埼玉県重要文化財）があり、両者を照合して、前者も徐福図と決定できる。

5　寿老人　前北斎卍　所蔵不明

2図とおなじ寿老人をえがいているが、大黒はえがかれず、かわりに寿命についてしるした巻物を左手でひろげ、そのすそを亀がおさえ、右手には扇をもって、寿命を案じる構図である。ほかにおなじ構図でありながら、扇のない図柄の作品もある（八十七卍老人、林忠正旧蔵）。

6　がま仙人　画老卍　所蔵不明

五代遼の時代の道士劉海蟾《りゅうかいせん》をモデルとしている。ざんばら髪裸足の童姿で三本足のがまをもてあそぶ図にえがかれる。海蟾ははじめ燕王につかえて大臣にまでなったが発起して道教を修行し、全真教の四世の祖とかぞえられるまでになった。

7　仙人図（聖人の寿像）　北斎改為一　所蔵不明

「聖人の寿像」という題で紹介されているが腰までたれた白髪、福耳、手にする杖、道服など、長寿を理想とした道教の仙人とみるべき図である。

8　隠士　画狂人北斎　フリア美術館

二曲屏風の右隻にはりつけられた扇面画である。閑静な小屋の窓辺による唐人服の風流隠士をえがいている。中国晋代の竹林の七賢に代表される風流隠者の隠遁思想の根底には老荘哲学をとりこんだ道教思想がある。

9　昇竜・降竜　前北斎卍　フリア美術館

北斎は多くの竜図をえがいた。八十七歳のときに制作したこの「昇竜・降竜」図のほかにも、「日・竜・月」（画狂人北斎、肉筆、那須ロイヤル美術館旧蔵）、「富嶽雲竜」（葛飾可、肉筆、所蔵不明）、「雲竜」（画老葛飾卍、七十八歳、肉筆、個人）、「雲竜」（画狂老人卍、八十六歳、肉筆、所蔵不明）、「雲竜」（画狂老人卍、八十六歳、肉筆、所蔵不明）、「竜」（画狂老人卍、八十七歳、肉筆、所蔵不明）、「竜」（画狂老人卍、八十九歳、肉筆、所蔵不明）、「富士越竜」（九十老人卍、九十歳、肉筆、北斎館）、「武人画帖　竜」（落款なし、肉筆、旧ハラリー・コレクション）などであり、これに北斎八十五歳のときの作品である小布施《おぶせ》町東町祭り屋台天井絵の「竜」をくわえることができる。竜は中国の伝説上の神獣であるが、道教では神仙の乗り物ともかんがえられていた。

前述の『列仙伝』には竜とかかわりをもった神仙の話がつたえられている。騎竜鳴は竜にのって自在に空を飛行した仙人である。二十歳のころに池のなかからヤモリのかたちをした竜の子十数匹を手にいれてそだて、のちにその竜にのってあらわれ、その地方に大洪水のあることを予言したという。

また陶安公という仙人は大雨のなか赤い竜にのって天に去った。陶安公はもともと六安という土地の鋳物師であった。たえず火をあつかっていたが、あるとき火炎がめらめらともえあがり、紫の色が空たかくたちのぼった。安公が炉のまえにひれふして許しを乞うと、一羽の朱雀がとんできて炉にとまり、「安公よ、安公よ。炉が天と通じたるゆえ、七月七日には汝をば赤い竜でむかえとろう」と告げた。その日になると、赤い竜がやってきて大雨になり、安公はそれにまたがって東南のほうにのぼっていった。城中の人、数万人が総出でこれを見送ったという。

陵陽の子明は旋渓という川で魚釣りをしていたときに白い竜をつりあげた。子明はこわくなって釣針からはずしてにがしてやった。そののち、白い魚をつりあげたところ、魚の腹から書物がでてきて、子明に仙人の食事の法をおしえた。三年して白竜がむかえにきたので、その地をさり、陵陽山にすむこと百二十余年にしてなくなった。

10　瑞亀《ずいき》　北斎宗理　奈良県立美術館

尾の毛をながくひきずった寿亀も北斎のこのんでえがいた画題であった。この作品以外にも数多い。「寿亀」（葛飾北斎、肉筆、所蔵不明）、「大海原の万年亀」（画狂老人卍、肉筆、所蔵不明）、「三亀」（画狂人北斎、肉筆、所蔵不明）、「亀と金魚」（北斎、肉筆、旧ハラリー・コレクション）、「亀」（八十八老卍、八十八歳、扇面画、肉筆、所蔵不明）、「亀に宝珠」（八十八老人卍、肉筆、出光美術館）、「長寿表象」（九十九老人卍、九十歳、肉筆、旧ハラリー・コレクション）、「寿亀」（九十九老人卍、肉筆、所蔵不明）などである。亀は北斎が信仰した妙見菩薩の乗り物であったことについてはすでにのべた。北斎はその信仰を印章に具体化して肉筆や版本に「亀毛蛇足《きもうだそく》」印をよくもちいた（「妙見信仰に由来する画号」）。それだけにとどまらず、長寿の瑞獣《ずいじゅう》としてひろく信仰された。竜のばあいと同様に晩年の北斎がこのんで画題に選択したのはかれ自身の長寿願望がこめられていたからであろう。

11　飛鉢《ひはつ》仙人（羅漢）　八十四老卍　所蔵不明

「羅漢《らかん》」と命名されてきた肉筆の作品がある。表記の作品以外にも、太田記念美術館所蔵の八十七歳のときの一幅（八十七老卍筆）、東京国立博物館所蔵の五十七歳ころの一幅（北斎戴斗筆）、小布施町個人所蔵の一幅（落款なし）の四図である。これらは構図にきわめて類似性がある。岩または積み藁《わら》などにだらしなく腰かけた男は右手に鉄鉢をたかくかかげ、その鉢から煙または波がたちのぼっているという図である。羅漢と判断されてきたのは男の腰に袈裟らしいものがまきつけられており、托鉢の鉄鉢をかかげるからであろう。羅漢は阿羅漢の略である。阿羅漢は尊敬をうけるに値する人の意味で、小乗仏教ではも

羅漢（東京国立博物館蔵）

ともと仏をさす名称であったが、のちに仏と区別されて仏弟子の到達できる最高位とされた。興味ぶかいのは、北斎画の四図のうち、もっとも品格をたもっているのは五十七歳のときの作であり、八十歳代の二作はいずれも自堕落な男になっている。落款を欠く個人所蔵の一図もおそらくほぼおなじころの作品らしく、やはり男はだらしなく気ままに岩によっている。

鉢からたちのぼっているのは煙らしくみえるが、八十四歳のときの作品は波であり鉢からは水があふれおちている。これを羅漢図と解釈するのは無理である。鉢になぜ煙や水があふれるのか。

十二世紀のはじめには成立していた『本朝神仙伝』は大江匡房《まさふさ》のあらわした日本人の神仙列伝である。三一人が登場するが、そのなかには聖徳太子、弘法大師、慈覚大師など、の名がみえる。仏教徒であっても道教ふうの呪術力を発揮した人であれば神仙とみなしていたようである。つまり、つぎの五つの特色のうちのいくつかをそなえていれば神仙の資格をもっていたのである（『日本思想大系　往生伝　法華験記』解説、一九七四年、岩波書店）。

①長寿でしかも若々しいこと、もしくは人の眼には行方が知られなくなったこと。

②昇天・飛行など、天空に飛昇する能力をもつこと。

③鬼神を呪縛、または使役し、瓶鉢などを自在にとばすなどの超越した呪力をもつこと。

④深山に住まい、山中で原始的な生活を営むこと。

⑤食物を絶ち、ときには仙薬を服用すること。

この五つの特色はけっして大江匡房の独自の考えではなく、そのモデルとなった中国の『神仙伝』や『列仙伝』にならったものであったことは両者をくらべてみることによって納得がゆく。

この『本朝神仙伝』には鉢や瓶を自在にあやつる神仙たちが登場する。

わが国修験道の祖とつたえられる大和の役優婆塞《えんのうばそく》は鉄の鉢に母をのせて海にうかんで行方しれずになっている。

能登国の陽勝は修行のはてに神仙となって山にかくれた。東大寺のある僧がその山にのぼり、食料と水がなくなりまさに死のうとしていたときに、法華経をよむ声がきこえて陽勝がそばにたっていた。陽勝が鉢と瓶《かめ》に呪文をとなえるとすぐに食物が瓶にみち、鉢には飲み物があふれていた。

比良山の僧は仙人の道をまなび、飛鉢の法をおこなった。琵琶湖の大津に寄港する船にこの鉢がまつわりついてはなれなかった。船頭がこれをきらって、米一俵を鉢のうえにげると鉢はとびさったが、船中の俵がまさに秋の雁の列のようにそのあとにしたがった。船頭がひたすらに祈願すると米はふたたび船中にもどってきた。

このような鉢と瓶の話は日本の説話集に多くみえている。北斎の四図の人物もまた鉄鉢を自在にあやつる神仙をえがいたものとみることができる。

以上の道教画には、作者の規制をつよくうける読本挿絵よりもはるかに北斎の道教観があらわに表現されているとみることができる。このような北斎の道教画の一つの到達点としてすでにくわしく検討した小布施の上町、東町の祭り屋台の竜図や鳳凰図、岩松院の天井絵の鳳凰図があった。

北斎の版画

つぎに道教を主題とした北斎の版画について、代表作を概観する。

1　西王母《せいおうぼ》　春朗　縦大判　三枚続　大英博物館ほか

崑崙山《こんろんざん》にすんでいて眷属《けんぞく》とともに人間の霊魂をむかえる不死の女神。中国の神話上の女神が道教にとりこまれたもので、東方の男性神東王父と併称されて、女仙たちを管理する王である。北斎はほかに摺物などでも西王母を画題にしていた。

2　役行者《えんのぎょうじゃ》と前鬼・後鬼　『北斎漫画　十編』文政二年
ほかに『北斎画式』（文政二年）にも同一の画題がみられる。役行者は七世紀後半の山岳修行者であり、修験道の開祖とつたえられる。ほかに役小角《おづの》、役優婆塞《うばそく》、神変大菩薩などともよばれる。大和葛城山の住人で、鬼神を使役するなどの呪術にすぐれていたが、人をまどわすという訴えによって伊豆にながされたという。『日本霊異記《にほんりょういき》』によるとのちにゆるされてもどり、仙人になって昇天したという。前鬼と後鬼はかれが使役した鬼神である。

3　菊慈童《きくじどう》　『北斎漫画　十編』文政二年
菊慈童または慈童ともいう。周の穆王《ぼくおう》に愛されたそばづかえの少年であったが、罪を得て南陽郡にながされ、その地で菊の露をのんで不老不死の仙人になった。

4　上利剣《じょうりけん》　『北斎画鏡』文政元年
するどい剣にのり、大海の波のうえを自由にとぶ呪術を身につけた仙人。肉筆の傘風子と同様に仙人の不可思議な飛行術に関する北斎の関心がうかがわれる。

5　張志和《ちょうしわ》　『北斎画鏡』文政二年
八世紀から九世紀にかけての中唐時代の人。現在の浙江省金華の出身。いったん官につかえたが事件に連座し、故郷にかえって逸民としてすごした。煙波釣徒《えんぱちょうと》と自称して餌をつけぬ釣糸をたらして悠々《ゆうゆう》と日をすごした。文人、芸術家とまじわり、名をあげたがやがて忽然《こつぜん》と姿をけした。波のうえにむしろをうかべ、酒をくむと頭上に鶴がまったといい、最後はその鶴にのって白日に昇天したという。

6　張果　『北斎漫画　三編』　文化十二年

唐代の仙人でいわゆる八仙の一人。いまの江蘇省武進県の篠山にかくれすんで長生の法をまなびその秘法を各地につたえた。唐の玄宗皇帝のまえで数々の仙術を披露して満座をおどろかせ、玄宗は通玄先生の号をおくったという。瓢箪に出し入れ自在な白いロバを収蔵し、それにのって日に数万里をいったという。

7　鉄拐《てっかい》仙人　『今様櫛搭雛形《いまようしつきんひながた》』　文政六年

中国隋代の仙人で八仙の一人。姓は李、鉄拐というのはつねに鉄の杖をたずさえていたところからついた名。『列仙全伝』（明、王世貞）にはつぎのようにつたえる。性質はつよく、身体つきもたくましく、若くして不老長生の術を会得し、山中で修行していたときにさらに老子から道教の奥義をさずけられた。ある日、鉄拐は老子を中国五岳の一つの華山にたずねることになった。そこで弟子にむかい、「わが魄《はく》は身体とともにここにのこしてゆく。もし魂《こん》が七日たってももどらなかったらわが形骸を始末してよいが、そのまえにうごかしてはならない」といいおいた。ところが弟子は母が病気でいそいで家にかえらなければならないことになり六日で師の形骸を火葬にしてしまった。鉄拐の魂が七日たってもどってくると、すでにはいるべき身体がないので、路傍にたおれていた物乞いにのりうつった。そのために鉄拐はみにくくて、片足をひきずる身になってしまった。かれの得意な仙術の一つに気をはいて自分の分身を出現させる術があったという。

8　老子　『北斎漫画　十編』　文政二年

老子についてはすでにくわしくのべた（「老子と荘子」）。道教では教祖として太上老君などの号をおくっている。

北斎道教画の傾向

以上、北斎の代表的な道教画を肉筆と版画の両分野で概観した。そこには、さきに読本挿絵から抽出した三つの傾向のうち、(2)道教系の妖術への恐怖、はまったくみとめることはできず、あとの二つ、

(1)　道教系の神々の霊力への賛美

(2)　道教の神仙世界へのあこがれ

が、より増幅されて表現されていた。しかもその傾向は、かれが年齢をくわえた晩年にな

ればなるほどつよまっていた。北斎は長寿にたいする異常な願望をもっていた。年齢がすすみ、身体の健康がおとろえていったとき、道教はかれの長寿願望をみたす信仰として、かれをつよくとらえてはなさなかったとおもわれるが、それだけにとどまらず、かれの生き方の全体に大きな影響をあたえていた。

ふたたび北斎の謎について

わたしは本書のプロローグで「北斎の六つの謎」として北斎の生き方と信仰をめぐる六つの謎をあげた。くりかえしになるがその六つの謎をここでもう一度列記しておこう。

解けた四つの謎

①毎日獅子の絵をえがくことがなぜ悪魔ばらいになるのか。
②妙見信仰の対象は北斗七星か北極星か。
③日蓮宗と妙見信仰はどのように関係するのか。
④法華経の陀羅尼《だらに》をとなえながら道をあるくという過度の呪術信仰は通常の日蓮宗への信仰とどのようにかかわるのか。

⑤九三回にもなるという転居はたんなる北斎の習癖か。
⑥かれの多くの画号の由来はなにか。

このうち①②③⑥についてはすでにそのあとの「北斎の生き方と老荘思想」の章までの展開のなかで説明しおわった。かんたんにその要点をのべるとつぎのようになる。

〈①について〉　八十三歳から八十四歳にかけて連日えがきつづけた六〇〇枚をこえる獅子の絵はのちに「日新除魔《にっしんじょま》」と名づけられた。この連作には、かれが当時直面していた数々の苦悩や不幸をのぞく呪術的意図がこめられていた。この謎は二つの説明を総合して解決することができる。一つは画題の獅子が悪魔払いの呪術力をもっていたということであり、ほかの一つは技術の鍛練が「人間の真実の生き方＝道」につうじるという『荘子』の「養生主篇《ようせいしゅへん》」の庖丁《ほうてい》問答の思想を北斎が信奉し、実践したということである。

〈②について〉　北斎が信仰していた妙見菩薩、別名北辰菩薩の本体について、日本では北斗七星と説明する説（中村元『仏教語大辞典』一九七五年、東京書籍、ほか）と北極星と説明する説（岩本裕『日本仏教語辞典』一九八八年、平凡社、ほか）の二つがあって対立している。古代中国では北辰は北極星とかんがえられ、その信仰は仏教の密教とむすびついて妙見菩薩の信仰になる。北辰＝妙見菩薩の信仰は日本にはいってきた段階で、北辰は北斗をさすとかんがえられるようになる。北斎が信じた妙見菩薩の本体はあきらかに北斗七星であった。

〈③について〉　妙見信仰は北辰の信仰が五世紀ごろまでに中国で仏教の密教と結合して北辰菩薩または妙見菩薩の信仰となったものである。妙見信仰は平安時代には日本にもはいり、天台・真言の両密教系統の寺院をはじめとして、日本の仏教各派、さらには修験道などにまでひろく浸透したが、ことに日蓮宗とはふかい関係をもった。その重要なきっかけになったのは宗祖日蓮にまつわる文永八年（一二七一）の「星下り」の伝説であり、ささえ手になったのは、北斗七星を軍神としてあがめ、しかも日蓮宗を支持していた関東の武士団、ことに千葉氏であった。

〈⑥について〉　北斎の画号は確実なものだけでも三二種類をかぞえる。この三二種は時代を区切って使用された八種の主画号と、主画号とくみあわされた二四種の従画号にわけることができる。この主従三二種類の画号はその由来を検討すると、

師弟関係に由来する号
妙見信仰に由来する号
老荘思想に由来する号

日蓮宗に由来する号
姓名に由来する号
誕生地に由来する号
戯《ざ》れ心に由来する号
山岳信仰に由来する号
その他

の九つに分類することができる。

以上、四つの謎を解決するさいに入手した情報にくわえて、さらに「道教」というキーワードをもちいて、まだ解決していない二つの謎を解明してゆこう。

北斎は道教を信仰していた。その事実をもっとつきつめてかんがえてみよう。

〈④について〉　飯島虚心《きょしん》の『葛飾北斎伝』のつたえによると、北斎は道をゆくときも、信仰する日蓮宗の『法華経』の「普賢菩薩勧発品《ふげんぼさつかんぼつほん》第二十八」にでてくる陀羅尼の呪文をとなえて知人にあっても気がつかなかったという。このエピソードは晩年の北斎の熱心な『法華経』信仰をしめすものであるが、それだけにとどまらず、「日新除魔」のエピソードなどとともに、かれの呪術にたいする関心をしめしている。この「アダンダイ、ダンダパチ、ダンダパティ」という文句ではじまる陀羅尼の呪文は『法華経』の説くところによると、あらゆる攻撃や誘惑にうちかつことができるという。老齢の北斎はたえず呪文によっておいはらわなければならない種々の強迫観念にとらわれていた。

さらにもう一つ指摘しておきたいことは『法華経』自体が道教とふかいかかわりをもっていたという事実である。現代にまで流布している『法華経（妙法蓮華経）』は四世紀の鳩摩羅什《くまらじゅう》の漢語訳による。この『法華経』の教理や文句がちょうどそのころに教義を形成しつつあった道教の経典のなかにとりこまれ、『霊宝教』『妙真経』『太上中道妙法蓮華経』など、『法華経』の下手な真似であるとまで仏教徒から非難されたような道教の経典が多数つくられた。

なぜ『法華経』が中国で道教ととくにむすびついたかという問いにはいろいろな答えが用意されるが、『法華経』がもっともたいせつなものとする安楽＝極楽が古来道教がもとめてきた安楽と相似の観念であり（福永光司『道教と日本文化』）、両者の呪術性につうじあうものがあったというのが適切な解答になろう。北斎のエピソードはかれの『法華経』信仰が多分に現世《げんぜ》の即効をもとめた呪術的なものであったことをしめしている。

〈⑤について――北斎の転居癖――〉　北斎に転居癖があり、生涯に九三回も住所をかえたということが飯島虚心の『葛飾北斎伝』にみえている。この北斎のたびたびの転居は号をひんぱんとかえた事実などとともに、いちおう老荘哲学の無為自然によって説明のつくことである。北斎が、寛政十一年（一七九九）、四十歳のころから断続的に使用した号に「不染居《ふぜんきょ》」がある。この号自体は仏教用語の「不染汚《ふぜんな》」からきたものであろうが、けがれにそまらない一種の脱俗の境地をさした不染汚の本来の意味は、北斎のたびたびの転居にそのままでは適用できない。やはり老荘哲学の居所や地位にこだわらない思想にふりかえてもちいたものであろう（「近世における老荘思想の受容」）。

北斎の九三回の転居先のすべてを確認することはできないが、最小限、つぎの二二ヵ所はつきとめることができる（飯島虚心『葛飾北斎伝』瀬木慎一解説、永田生慈『葛飾北斎年譜』ほか）。

宝暦十年（一七六〇）	一歳	本所割下水
寛政二年（一七九〇）ごろ	三十一歳	葛飾地方
寛政七、八年（一七九五、六）	三十五、六歳	浅草大六天神脇町
寛政十年（一七九八）	三十九歳	本所林町三丁目甚兵衛店
享和元年（一八〇一）	四十二歳	上野山下辺

文化五年（一八〇八）	四十九歳	本所亀沢町
文化六年（一八〇九）	五十歳	本所両国橋辺
文化七年（一八一〇）	五十一歳	葛飾地方
文化十二年（一八一五）	五十六歳	本所中之郷原庭町（俗称蛇山）
文政三年（一八二〇）	六十一歳	本所緑町
天保元年（一八三〇）	七十一歳	浅草明王院地内五郎兵衛店
天保七年（一八三六）	七十七歳	深川万年橋辺
天保十年（一八三九）	八十歳	本所石原片町
		本所達磨横町
天保十三年（一八四二）	八十三歳	本所亀沢町
弘化元年（一八四四）	八十五歳	向島小梅村
		浅草寺前
弘化二年（一八四五）	八十六歳	北本所番場町
		本所荒井町
弘化三年（一八四六）	八十七歳	西両国

弘化四年（一八四七）　八十八歳　浅草田町一丁目
嘉永元年（一八四八）　八十九歳　浅草聖天町《しょうでんちょう》遍照院境内

北斎の転居先の四分の一もあきらかにはなっていないという前提のもとでいうのであるが、かれの転居には一定の法則性がみとめられる。第一に、かれの転居先は現在の墨田区、江東区、台東区に限定され、そこからはなれることがなかったという事実である。これはかれの生まれた土地の本所割下水に接近する場所であり、いわばかれの帰巣本能のようなものであった。このあたりの事情をかたるエピソードが『葛飾北斎伝』に記載されている。

北斎が浅草聖天町遍照院境内へこしてきたときに、友人の四方梅彦《よものうめひこ》が一首の狂歌をよんでおくった。その歌は、

百越《こ》すもおろか千里の馬道《うまみち》へ万年ちかくきたの翁は

というものであり、北斎をひどくよろこばせた。北斎はつねひごろ、生涯葛飾の里にすんで死にたいといっていたが、浅草にこしてきた翌年、ついに死去することになった。

号を葛飾と名のったように、北斎には自分の生まれ故郷の葛飾の里にたいするふかい憧憬があった。その事実をこのエピソードはよくつたえている。

この狂歌の意味について、『葛飾北斎伝』はつづけてつぎのように解説していた。

翁の転居癖はいさめてもなんのかいもないので、百回でも二百回でも、身体の壮健なうちは転居なさい、人生、命あればこそ転居もできるのだという意味にくわえて、翁の年もまた百をこえるであろうと祝福したのだ。百、千里、万年ということばは縁語で、きたは北斎の北にかよわせたのである。また万年屋は、馬道の菓子屋である。当時大いにはやっていた。翁は酒屋には用がなく、菓子屋がちかくにあるのは意にかなうのではないか。はは。

この話は北斎の故郷をおもう気持ちのつよさをあらわしているだけではなく、さらに、老齢の北斎の長寿への願望をもしめしている。狂歌が北斎をひどくよろこばせたのは、望郷の念が指摘されていたためではなく、そこに、一〇〇はおろか一〇〇〇年も万年も生きるであろうと祝意がこめられていたからであった。

たびかさなる転居に存在する法則性の第二は転居先が柳島妙見堂の近くに集中していたということである。これは故郷の葛飾の里にすみたいというかれの願いの当然の帰結であって、第一の法則と区別する必要はないという見解も成立しそうであるが、そうではない。第一の法則はなぜ北斎がたびたび居所をかえたかという疑問の解決にはならないのにたいし、第二の法則はそれをかんがえる手がかりをあたえてくれる。

柳島の妙見堂は妙見菩薩をまつる。妙見菩薩の本体は北斗七星である。道教の教えでは、北斗は北極星の乗り物としてその周囲を移動する。また生命をつかさどる司命の神としてその運行が人間の寿命を左右した。北斗真君、北斗星君などとよばれ、経典によって多少の相違はあるが、中天にいて四方をめぐり、いっさいの人間の生死禍福を支配するといわれている。この星に祈願をこめればあらゆる災害をのぞき、長生きができると信じられていた。

柳島の妙見堂の近くをはなれることがなかった北斎のたびかさなる転居の奇妙さは、北斗に長寿を祈る信者であったと同時に、かれ自身がみずからを中天を巡行する北斗に比定し、その巡行になぞらえたたびたびの転居であったとかんがえれば説明がつくとおもわれる。

北斎昇仙――エピローグ

北斎の生涯について、またひんぱんとかえた画号の由来について検討してみると、かれが複雑な信仰のもちぬしであったことがあきらかになる。山にたいする信仰をもち、日蓮宗を信じ、妙見菩薩や老荘の思想にふかく心をとらえられていた。この一見雑然とした信仰を統一し、その芸術と生き方のすべてを一挙に説明して、北斎を多重人格のレッテルからすくいだす方途をもとめて、わたしは道教にたどりついた。唯一、道教こそが、かれの信仰と生と芸術のすべてを個々ばらばらにではなくつながりのあるものとして把握し、北斎を一個の人格として理解する道をしめしてくれている。

北斎の四つの信仰、山岳信仰・日蓮宗・妙見信仰・老荘哲学が道教において同一の教理体系として結合する。すでにふれたものもふくめてその筋道をここで整理し、これまでのながい思索の旅のしめくくりとしよう。

老荘哲学からみてゆく。老子の経歴がさだかでないことはすでにふれた（「老子と荘子」）。かれは太上老君の名で道教の最高神の一体とみなされている。その時期ははやく、四世紀の中ごろの成立とされる道教の経典の『抱朴子《ほうぼくし》』にすでにその名がみえている。つねに天上にあって、その時々の必要におうじてさまざまに姿をかえて地上に出現する。思想家としての老子もじつはその変身の一つにすぎない、と道教はおしえる。

荘子が道教の神とみなされるようになったのは七世紀末の六朝時代で、老子が道教とむすびついた時期よりははるかにおくれる。しかし、そのころにちょうど道教の経典の集成事業がはじまり、『荘子』は主要文献の一つとして経典を集成した『道蔵』におさめられ、かれ自身は南華真人の称をあたえられて道教の神仙の列にくわえられることになった。

妙見信仰はもともとは北極星にたいする信仰であり、道教でもふるくから北極星を神格化して北極紫微《しび》大帝、北極大帝とよんで崇拝した。妙見信仰の根本である北極星にたいする信仰は道教に由来するものであったが、ただ、妙見菩薩の名称が成立したのは仏教の密教の影響をうけた五世紀ごろのことであった。妙見信仰は仏教と道教が一つに融合した信仰形態であった。

『法華経』つまり『妙法蓮華経』の原典はインドで成立して、三世紀のころには中国で漢語訳された。『法華経』の説く安楽の思想が道教の理想でもあるため両者は交流をかさね、『法華経』のなかでもことに安楽の観念についてのべることの多い「普門品《ふもんぽん》第二十五」は独立して『観音経』とよばれ、道教の各種の経典のなかにその思想がとりいれられ、観音菩薩は観音大士とよびかえられて道教の神になっている。

道教では不老不死となった人を仙人、神仙、神人、真人などとよぶ。『荘子』が説く神人は山にすみ、乙女のように若々しく、五穀をたべずに露をのみ、雲にのり、竜にのって天上を往来する。神仙は古代の山岳信仰とむすびついて生まれたもので、「仙」の字も山にすむ人の意味とされる。

北斎が道教を意識するようになったのは、妙見信仰に由来する北斎という号を採用した寛政八年（一七九六）、三十七歳のころからであったとおもわれる。ひんぱんとかえていった住居や画号から判断して、年齢をかさねるにつれてますます北斎の道教信仰はつよまっていった。もともと道教の根本には安楽のことばに象徴される不老長生と現世利益《げんぜりやく》という二つの目的があった。晩年の北斎は当然ではあるが、ことに不老長生にあこがれ、信仰をかためていった。

道教は北斎の生き方をささえた信仰であるだけではなく、晩年のかれをかりたてて画家としての技術の完成をもとめさせた鬼気せまる執念の根源でもあった。あくなき技術の追求が道につうじ、神の完全さに到達できるという確信である。北斎芸術の深奥につうじる鍵が道教である。

嘉永二年（一八四九）、九十歳になった北斎は春ごろから病床にふすようになり、四月十八日に浅草聖天町の遍照院境内の借家でなくなった。つぎの辞世の一句をのこした。

ひと魂でゆく気散じや夏の原

旧暦の四月は夏である。夏野を人魂となって飛んでゆく気楽さをよんだこの句の意味は一見仏教の死生観で解けるようであるが、すこしおかしな点がある。仏教では死ぬことを成仏という。成仏とは死んで西方極楽浄土に生まれかわることである。そのときに死者は自分独りで魂となって西方へ飛んでゆくのではない。仏の迎えをうけ、その導きで瞬時に極楽に生まれるのである。仏の導きなしに人は極楽にゆくことはできない。それは「気散じ」などとは表現できない真剣な、敬虔ないとなみなのである。

魂となって気楽に夏の原を飛ぶイメージは道教の神仙のものである。

道教では修行をつんだ仙人は空中を飛行することができる。このことは本文中にもしばしばふれた。昇天して不死の仙人となること、あるいは仙人になって昇天することを道教では「羽化登仙《うかとうせん》」という。身体に羽をもって飛行することである。しかし、飛行の方法はそののち変化してきて、二つにわかれる。一つの方法は鶴や竜、雲や風などの乗物を利用する。それにたいしてもう一つの方法は身体をこの世にのこして魂だけが飛行する。その具体例として、日本人にもなじみのふかい鉄拐仙人の例をあげておいた（「北斎の道教画」の節の「北斎の版画」）。この種の仙人の話はほかにも多い。

北斎の辞世の句はこの魂だけの飛翔とみることができる。かれは死にのぞんで、不死の仙人の飛行を夢見たのではあるまいか。魂は飛びさってもまたこの世にのこした身体にもどってきて絵をえがくことができる。それが「気散じ」の表現となった。芸術の完成のためにあと一〇年、いや五年の寿命を天にいのったという北斎にふさわしい辞世であった。

あとがき

中国文化を完全に理解しようとするためには、道教という視点を欠くことはゆるされない。ことに中国の民衆文化に接触しようとするなら、その根幹を形成している道教をさけて通ることはできない。ほとんどのばあいに仏教や儒教とからみあっているが、骨組みをつくって中国民衆文化の全体をうごかしているのは道教である。中国人は、建前は儒教や仏教であっても、本音は道教にしたがっているとよくいわれる。

道教が追求する目的は現世の安楽と不老不死である。人間なら誰しもがいだく願望を体系化して宗教にまでたかめている。どこまでも個人の欲望の充足をおいかける。人間と人間との関係を理論化した儒教や、死後の世界の安楽を目的とする仏教とおおきく異なるところである。

日本文化と道教との関わりについては、個別の習俗や思想は輸入されたが、体系としての道教はついにはいらなかったというのが、現在の定説になっている。

体系道教の伝来の有無を決定する根拠はひとえに道観（道教寺院）遺構の有無にかかっている。奈良県唐古鍵の弥生中期の遺跡から出土した土器片にほりこまれた楼閣、奈良の平城京跡から出土した木片にえがかれた山水画中の楼閣などが、道観の可能性を主張されたことがあった。前者は否定されても、後者は、そのすぐ近くに、左道（道教）をまなんで国をかたむけようとした嫌疑で自害に追いこまれた長屋王の邸宅跡があることから、道観の可能性をすてさることはできない。また、文献上では、『日本書紀』の斎明天皇二年（六五六）の記事に、多武峰に観をたてて両槻宮《ふたつきのみや》と命名したとある建造物は、道観とみる説が有力である。こうしてみると、日本人が体系としての道教に接する機会がまったくなかったとは断定できない。

体系道教が日本に輸入されたかどうかの議論はおくとしても、日本文化にあたえた道教の影響の深刻さにたいする認識は、最近、ますます高まっている。私自身もこれまで、『日中比較芸能史』、『日本の祭りと芸能―アジアからの視座―』、『安倍晴明伝説』などの著書で、日本の芸能、祭り、陰陽道などと道教との関係を解明してきた。浮世絵師北斎と道教との関係を論じた本書は、それらの流れの上に成立した。

北斎が道教についてまなぶ機会は多かったはずである。

① 日本人の著作物に接して

② 長崎経由で輸入された中国の著作物に接して

③ 漢画や狩野派、浮世絵などの画題にふれて

④ 曲亭馬琴、小枝繁、六樹園飯盛らの挿絵を担当して

などが想定され、そうした機会を生かして、北斎は、道教についての知見をふやし、やがて、それは、信仰にまで高められていった。

道教の体系を象徴するイコンが竜と鳳凰の太極図である。このイコンは中国大陸や台湾で眼にすることができる。中国大陸では、文化大革命によって、道観が破壊されたあと、ようやく復興しつつあるというのが現状であるが、台湾ではほとんどの神社や道観、仏教寺院で日常的に接することができる。韓国では、四神図の一種としての竜図や鳳凰図はみられるが、太極図と結合した明確な形を発見することができない。儒教を国教とし、道教を弾圧した李氏朝鮮の統治政策が浸透した結果であった。

北斎が、小布施の祭り屋台や岩松院の天井にみごとにえがきあげた、太極をモチーフとした竜図、鳳凰図の源流には二つの経路があったと推定される。一つは、直接に中国の資

料によったものであり、もう一つは沖縄である。

文化四年（一八〇七）、四十八歳の北斎は、馬琴の読本『鎮西八郎外伝　椿説弓張月』の『前編』六冊の挿絵を担当した。その年から、『後編』、『続編』、『拾遺』、『残編』と五年間にわたって、沖縄（琉球）を主要舞台に展開する物語の挿絵をえがきつづけた。北斎が沖縄に旅したという事実はないが、こうした体験によって、北斎は、沖縄の歴史と文化をまなぶことになった。

沖縄は、その全歴史をつうじて、中国とふかい関係をもち、その文化は本土日本よりも中国の影響をつよくうけている。太極をモチーフとした竜や鳳凰の図も沖縄ではよく眼にすることができる。とくに王家に関係する紋や模様はほとんどが竜や鳳凰であり、それも太極図と合体した図である。沖縄の古代文化の遺宝を集成した『沖縄文化の遺宝』（鎌倉芳太郎編、一九八二年、岩波書店）にはつぎのような具体例を見出す。

国廟崇光寺本堂天井鳳凰図
国廟崇光寺本堂天井竜図
中城御殿御祭行事御道具黒塗青貝双竜文八花御菓子器
同　　　　　朱塗箔絵鳳凰雲文具

国王着用紅型竜文襯衣図
王妃着用鳳凰丸文胴衣図

などである。

視点を変えれば新しい風景が展開する。浮世絵師北斎の生涯と芸術を道教で読み解くという作業によってひらけてくる展望は、私に大きな喜びと楽しみをあたえるものであった。没頭できる楽しい作業の結実がそのまま本になる。研究者にとっては、幸せの極みである。

平成十三年三月末

諏訪春雄

著者紹介

一九三四年、新潟県に生まれる
一九六一年、東京大学大学院博士課程修了
現在、学習院大学文学部教授

主要著書
日中比較芸能史　日本人と遠近法　日本の祭りと芸能　歌舞伎の源流　安倍晴明伝説

歴史文化ライブラリー
124

北斎の謎を解く
生活・芸術・信仰

二〇〇一年(平成十三)八月一日　第一刷発行

著　者　諏《す》訪《わ》春《はる》雄《お》

発行者　林　英男

発行所　株式会社　吉川弘文館
東京都文京区本郷七丁目二番八号
郵便番号一一三—〇〇三三
電話〇三—三八一三—九一五一〈代表〉
振替口座〇〇一〇〇—五—二四四

印刷＝平文社　製本＝ナショナル製本
装幀＝山崎　登

歴史文化ライブラリー

1996.10

刊行のことば

現今の日本および国際社会は、さまざまな面で大変動の時代を迎えておりますが、近づきつつある二十一世紀は人類史の到達点として、物質的な繁栄のみならず文化や自然・社会環境を謳歌できる平和な社会でなければなりません。しかしながら高度成長・技術革新にともなう急激な変貌は「自己本位な刹那主義」の風潮を生みだし、先人が築いてきた歴史や文化に学ぶ余裕もなく、いまだ明るい人類の将来が展望できていないようにも見えます。このような状況を踏まえ、よりよい二十一世紀社会を築くために、人類誕生から現在に至る「人類の遺産・教訓」としてのあらゆる分野の歴史と文化を「歴史文化ライブラリー」として刊行することといたしました。

小社は、安政四年(一八五七)の創業以来、一貫して歴史学を中心とした専門出版社として書籍を刊行しつづけてまいりました。その経験を生かし、学問成果にもとづいた本叢書を刊行し社会的要請に応えて行きたいと考えております。

現代は、マスメディアが発達した高度情報化社会といわれますが、私どもはあくまでも活字を主体とした出版こそ、ものの本質を考える基礎と信じ、本叢書をとおして社会に訴えてまいりたいと思います。これから生まれでる一冊一冊が、それぞれの読者を知的冒険の旅へと誘い、希望に満ちた人類の未来を構築する糧となれば幸いです。

吉川弘文館

〈オンデマンド版〉
北斎の謎を解く
生活・芸術・信仰

歴史文化ライブラリー
124

2017年（平成29）10月1日　発行

著　者　諏《す》訪《わ》春《はる》雄《お》
発行者　吉川道郎
発行所　株式会社　吉川弘文館
〒113-0033　東京都文京区本郷7丁目2番8号
TEL　03-3813-9151〈代表〉
URL　http://www.yoshikawa-k.co.jp/

印刷・製本　大日本印刷株式会社
装　幀　清水良洋・宮崎萌美

諏訪春雄（1934～）

ISBN978-4-642-75524-5